Ensino Médio Flexibilizado

A Medida Provisória contra o adolescente

Cacildo Marques

São Paulo
2017

ISBN: **978-8592277000**

Marques, Cacildo
    Ensino Médio Flexibilizado: a Medida Provisória contra o
adolescente/ Cacildo Marques, São Paulo.
    EpistemeEd , 2017.

    100p.
        ISBN: 978-8592277000

    I. Ensino Médio - Organização. I. Títuloe   CDD 373.06

ÍNDICE DE MATÉRIAS

Ensino Médio Flexibilizado

Cacildo Marques

À memória dos saudosos lutadores Darcy Ribeiro, Benedito Castrucci, Seiji Hariki, Elza Furtado Gomide, José Aristodemo Pinotti, Ricardo Ramos, Eliane de Grammont, Paulo Emílio Salles Gomes, Gianfrancesco Guarnieri, Eduardo Peñuela Cañizal, Inezita Barroso e Paulo Vanzolini.

Advertência

Este é o primeiro livro em prosa que escrevo em primeira pessoa, depois de ter publicado mais de duas dezenas. O leitor poderá constatar que, como sou parte da problemática que abordo, o distanciamento de terceira pessoa criaria barreiras à narrativa.

Procurando escapar da tentação antiga de identificar um lado mau da sociedade a quem culpar pelos retrocessos que observamos na caminhada repleta de obstáculos que nossa gente enfrenta em busca de paz e progresso, não tenho como abafar o grito de inconformidade diante de tanta facilidade que as forças do atraso encontram para enganar a si e aos outros.

O que elas temem, se já estão mortas, se não passam de fantasmas de um tempo corroído pelos séculos? Por que insistem em estorvar as pessoas, estendendo na horizontal seus esqueléticos membros inferiores para fazer essa gente tropeçar na estrada?

Que este meu desabafo contra o conservadorismo medroso e espertalhão não venha a ser usado pelo outro pretenso lado da moeda, que é a ala do romantismo incurável adepto do presidencialismo luís-bonapartista, essa patologia que há muitas décadas amesquinha e depaupera a América Latina. São duas plantas venenosas, uma vetusta e uma nova, nascidas no mesmo estrume, como oleandro e narciso, tentando com suas flores seduzir e derrubar os que lutam para instalar e manter vigorosas as instituições democráticas.

Desde que o Marquês de Pombal criou a escola pública, e foi

seguido anos depois na França por Condorcet, o ensino público tem sido uma sucessão de atos de resistência. Temos de pedir aos governadores que resistam à ordem de abandonar a juventude, que não desmanchem o currículo de seu Ensino Médio, como manda a Medida Provisória da flexibilização.

Alunos em gincana em frente a Estádio do Morumbi - 2007

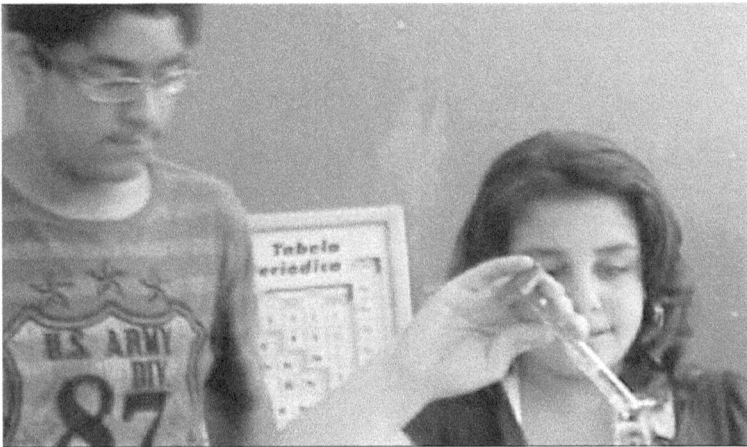

Alunos no laboratório de Química da escola Andronico

Escola Andronico em 1980

Introdução

Estava previsto para o dia 16 de fevereiro de 2017, segundo boatos que circulavam nas redes sociais, a destruição da Terra, pelo impacto de um grande meteoro. O alerta era de um pretenso cientista russo, que dizia que a NASA sabia de tudo e sonegava a informação.

O meteoro gigante não se chocou com a Terra, como todos sabem. Mas naquela data o Presidente Michel Temer sancionou a Medida Provisória da "flexibilização" do Ensino Médio, desmanchando num ato de "ousadia" (conforme o termo usado por ele, no sentido de que estava fazendo alguma coisa boa e importante) um século inteiro de construção de uma grade curricular que era única no mundo, e que deveria ser orgulho de todos os brasileiros. Obviamente, não era perfeita, porque foi fruto de muitas negociações para votações no Congresso Nacional, atendendo ora um interesse, ora outro, mas foi o que conseguimos construir de melhor. Em Educação confirma-se a percepção dos quadros do ramo, docentes e gestores: o que se leva um século para construir, derruba-se numa simples Medida Provisória, feita em alguns minutos.

O que tínhamos era a grade curricular que juntava a formação científica e humanística num único conjunto. Não era coisa inédita, nem algo tão revolucionário. O que havia de novo aí era o fato de que ela era oferecida a todos os adolescentes. Nenhum outro país do mundo atingiu esse ponto.

Essa Medida Provisória da desmontagem atendeu a uma pressão muito forte de setores inconformados com o resultado altamente positivo do currículo vigente no Ensino Médio: em janeiro de 2016 circulou a notícia de que 88% das vagas do curso de Medicina da Unicamp tinham sido preenchidas com candidatos oriundos de colégios públicos. A população em geral não deu muita importância ao fato. Mas os formadores de símbolos, os conservadores poderosos do país, iniciaram de imediato a campanha para eliminar esse tipo de ganho popular. O currículo do Ensino Médio teria de voltar a ser frouxo, flexibilizado, de modo a impedir os filhos dos setores mais humildes da sociedade de receber formação que lhes permitisse fazer escolhas no fim do ciclo. Conseguiram uma vitória estrondosa sobre o futuro do país, que voltou à estaca zero, confirmando o título do livro famoso de Stefan Sweig: "Brasil, país do futuro". Cada vez que o país constrói uma "ponte para o futuro", o "deserto de homens e ideias" insurge-se com força descomunal para explodir aquela passagem e obrigar a população a retomar, atônita, a estrada que já deveria ter sido vencida. Quando se configurou a crise econômica de 2014, Paul Krugman declarou no New York Times: "O Brasil é o país do futuro, e sempre será".

Poucas semanas depois da posse como presidente efetivo, após o impedimento da Presidente Dilma Rousseff, Michel Temer chegou de longa viagem pelo Velho Mundo e encontrou sobre sua mesa a tal Medida Provisória, pronta para ser assinada e enviada à Câmara dos Deputados. Enquanto ele viajava, os assessores armavam o grande explosivo para que ele acionasse, assim que se sentasse na cadeira presidencial.

Sangue

No dia 24 de outubro de 2016 o adolescente Lucas morreu numa briga, esfaqueado por um colega no interior de um colégio estadual em Curitiba. No dia 14 de julho de 1789 a população de Paris, em desespero diante do aumento de 100% no preço do pão, transformou aquilo em gota d'água e invadiu a prisão da Bastilha, libertando os presos. No Brasil, nesse outubro em que foi morto o menino Lucas, estudantes de universidade e de Ensino Médio, em vários pontos do país, invadiram suas escolas, impedindo que ocorresse o fechamento do ano letivo e, no caso do Paraná onde o conflito foi mais intenso, a realização do ENEM (Exame Nacional do Ensino Médio) em mais de duzentas escolas.

Assim como o Brexit (retirada da Inglaterra da União Europeia) está eternamente manchado pelo sangue da Deputada Joe Cox, que pregava a união e foi assassinada dois dias antes do plebiscito, a Medida Provisória da flexibilização estará sempre suja do sangue do menino Lucas. O governador do Paraná garantiu que não adotaria a flexibilização durante seu mandato, mas isso é muito pouco, porque o sangue do menino não se espargiu apenas sobre o peito do chefe do Executivo de seu Estado, mas sobre o peito e a cabeça de todas as autoridades públicas estaduais e federais, mais os verdadeiros donos do poder, que não se sentam em nenhuma cadeira oficial, mas controlam os homens públicos como se estes fossem servos seus, em vez de servidores da sociedade. Um Estado bonapartista é muito diferente de um Estado luís-bonapartista, como o que temos no México desde 1857 e o que temos no Brasil desde 1945. Se no período de Napoleão o Poder Executivo, ancorado no Exército, buscava sobrepor-se ao Legislativo, ao Judiciário, à indústria e à imprensa, os governos do sobrinho acrescentaram o embrião do populismo, que resurgiu e se fermentou no século XX como a grande praga dos tempos modernos, com o uso inescrupuloso das duas grandes máquinas de dominação das vontades: o rádio, primeiro, e a televisão, depois. Por anular a autonomia do cidadão, a demagogia romântica é, ainda hoje, a sepultura das perspectivas democráticas.

Os meninos encetavam uma luta errada, de autoimolação, propiciada pela cultura de abandono em que se encontra o jovem nos dias atuais, mas qualquer leitura séria deveria ter levado em conta que ali não havia apenas um embate partidário, de apoiadores da presidente anterior, destituída em seu segundo mandato pelo Congresso Nacional, contra o presidente que a sucedeu, mas também a defesa de um modelo de estrutura curricular que se implantou como resultado de muito trabalho por parte de figuras que conseguiram escapar do deserto, entre os quais os saudosos Rui Barbosa, Benjamin Constant Botelho de Magalhães, Cecília Meireles, Fernando de Azevedo, Afrânio Peixoto, Roquette Pinto, Hermes Lima, Anísio Teixeira, Gustavo Capanema, Mário de Andrade, Villa-Lobos, João Calmon e Darcy Ribeiro, vários deles signatários do documento histórico "Manifesto dos Pioneiros da Educação Nova", de 1932, que propugnava "a supressão de instituições criadoras de diferenças sobre base econômica", entre outros pontos interessantes.

O documento DCNEM-1998, Diretrizes Curriculares Nacionais do Ensino Médio, de 26/06/1998, emitido pela Câmara de Educação Básica e assinado pelo Professor Ulysses de Oliveira Panisset, norteou a organização do Ensino Médio a partir do ano letivo de 1999, consolidando de uma vez as várias tentativas de construção de grade curricular para esse nível de ensino ao longo do século XX.

Precedentes

A Reforma Capanema, de 1942, que incorporou alguns pontos do Manifesto dos Pioneiros, dividia o Ensino Médio em Científico, Clássico e Normal, além dos vários cursos nas modalidades técnicas, como os de Contabilidade, Química e Prótese Dentária. A chamada escola secundária era composta de um ciclo de quatro anos, o ginasial, e um ciclo de três anos, o colegial. O ginasial era continuação do ciclo primário, de quatro anos, que para a maioria dos estudantes transformava-se em cinco, por causa do ano do curso de preparação para o Exame de Admissão. O ginasial tinha como matérias obrigatórias o Francês, o Inglês e o Latim, enquanto que no Colegial além do Francês e do Inglês entrava também o Espanhol. Os alunos do Clássico tinham Latim e Grego, embora esta última língua não tenha atingido um número significativo de escolas. O Científico e o Clássico previam a preparação para a universidade, mas os cursos técnicos, não. O ensino secundário tinha por missão transmitir aos alunos formação ética baseada na religião e nos valores da família e da pátria.

A LDB-1961 (Lei de Diretrizes e Bases), sancionada pelo Presidente Jânio Quadros, mas construída ao longo dos anos que sucederam o Estado Novo, desde 1945, manteve a separação entre Clássico, Científico e Normal, porém tentando aprofundar o objetivo de democratização do ensino. Incorria em erro, entretanto, quando levava o adolescente a "optar" muito cedo por aquelas modalidades estanques de áreas. Era o espírito da época.

Pierre Bourdieu afirmava que a crença que as pessoas têm de que são talhadas para ciências humanas ou ciências exatas, excludentemente, é mais uma imposição da sociedade que uma opção individual. Os homens que fizeram a "Lei da Reforma do Ensino Médio" do regime militar, a Lei 5692-1971, continuavam acreditando que as crianças "optavam" entre humanidades e ciências exatas, porque, em seu novo modelo, o Colegial passou a chamar-se Segundo Grau e as separações passaram de Científico e Clássico para, exatamente, Ciências Humanas, de um lado, e Ciências Físicas e Biológicas, de outro. Mas à frente, a separação se consolidou em três campos: Ciências Humanas, Ciências Biológicas e Ciências Exatas. Obviamente, continuavam existindo os cursos técnicos e o propósito explícito da reforma, nunca atingido, era de que todo o "segundo grau" viesse a tornar-se profissionalizante. Nenhuma palha foi movida nessa direção nos anos seguintes do regime militar, até que em 1982 uma mini-reforma (Lei 7044) aboliu aquele dispositivo ilusório.

Findo o regime militar, a "liberdade" de optar por um dos três campos fazia a imensa maioria fugir das exatas. Como o curso de Direito voltou a ser respeitado, o país chegou a ter em certos anos 50% de seus formandos do Ensino Médio optando por esse bacharelado. Logo surgiu o escândalo: só 10% dos que se formavam - ante uma proporção enorme dos que abandonavam o curso - passavam no exame da OAB (Ordem dos Advogados do Brasil). Sem o título da OAB, não podiam exercer a advocacia. Assim, a maioria dos adolescentes estava sendo levada a fazer uma "opção" que só oferecia o vazio lá na frente. Já com o novo currículo integrado, do início do século XXI, a opção por Direito caiu de 50% para 25%. Nos Estados Unidos o jovem não pode sair do Ensino Médio e entrar em Direito, porque Direito é um tipo de pós-graduação, como são também Medicina e Administração. Lá o jovem se desperdiça no Ensino Médio, mas na opção pelo curso universitário há mecanismos inteligentes.

Os jovens colegiais dos Estados Unidos escolhem matérias. Enchem o currículo de coisas que ajudarão muito pouco no ingresso à universidade. É o destino da grande massa. Não é o dos bem-aquinhoados e bem-informados. Não basta ser rico, é necessário ser rico e estar numa família com conhecimento do sistema.

Bill Gates conta que cursou até o nono ano no sistema público de Seattle. Quando ia ingressar no Ensino Médio, o pai, que é um advogado importante na cidade, pesquisou e localizou um colégio forte, caro e de bom currículo. Pelo aprendizado obtido ali, o menino entrou em Harvard.

Lisa Randall, professora de Harvard, um dos mais expressivos nomes em Física de Partículas, credita à escola de Ensino Médio que cursou em Nova Iorque o preparo que deu a ela estrutura para ser a cientista que é hoje, pois, segundo diz, é um colégio com um exame de ingresso muito sério e com um corpo docente altamente capacitado. Tivesse cursado um colégio qualquer da cidade, a ciência teria perdido Lisa Randall.

Paul Dirac, um dos mais importantes físicos do século XX, também sofreu muito até descobrir, na Suíça, um colégio que lhe desse base para seguir a carreira que ele queria. Se tivesse cursado um colégio qualquer, como fazem os filhos das famílias da grande massa desinformada, jamais teria sido o grande cientista que foi.

Tive um colega nissei que "optou" por Ciências Humanas no "Segundo Grau" do regime militar. Terminado o colegial, decidiu que não queria mais seguir humanidades, mas Matemática. Ele ingressou na USP, mas para isso teve de estudar como um condenado para aprender do zero as ciências exatas que ele não teve no colégio dele. O caso comum aí é que o adolescente nem enfrente esse tipo de guinada. Cursar uma área e no fim pular para outra é só para gente muito corajosa. Pode-se imaginar um adolescente que faça um colegial sem Biologia e que ao fim do curso decida cursar Medicina. Será quase uma missão impossível.

Uns podem argumentar que na nova configuração, da flexibilização, o aluno terá Matemática nos três anos do Ensino Médio, mesmo que siga um currículo sem as ciências "da natureza". Ora, Matemática no colegial sem Física é pura maldade. É como querer que o jovem jogue futebol correndo com uma perna só, tendo a outra amarrada. Mais inteligente, embora mais brutalmente antidemocrática, era a grade curricular do velho Clássico, em que não havia Física, mas também não havia Matemática. Se é para sonegar informação, deve-se fazer serviço completo, sem enganação, porque Matemática sem Física no terceiro ano do Ensino Médio é coisa de quem não tem intenção de educar, mas de embromar.

Com os colegiais do país inteiro cursando um currículo integrado, mesmo sob um sistema de ensino sabidamente ruim, os candidatos de escola pública mostraram que podem conseguir boas vagas na universidade. Muitos podem achar que as ciências exatas são difíceis e, portanto, deve-se dar ao jovem a opção de fugir delas. É o mesmo que achar que o bebê deve ter a opção de não mamar e de não tomar leite. Vamos deixar o leite só para os que podem, só para os que têm dinheiro e informação? Ninguém hoje admite isso. Mas querem deixar o adolescente fugir daquilo que disseram que é difícil. Esses dezesseis anos iniciais do século XXI, em que os adolescentes estudaram sob um currículo integrado, com Matemática, Física, Química, Biologia, Educação Física, línguas e as humanidades, incluindo Filosofia e Sociologia, mostraram que o modelo é bom, que não prejudica ninguém, e que liberta o jovem para fazer sua escolha no momento de ingressar na universidade.

Um currículo integrado oferecido a todos, sem discriminar previamente as capacidades presumidas, como se fazia antes, não foi uma conquista incremental automática, mas fruto de longo amadurecimento. Prova disso é que as ofertas variadas, de acordo com as supostas habilidades dos jovens, continuam sendo o padrão nos outros países. Na Espanha, a "Ley Moyano", que regulou o currículo dos vários ciclos de ensino a partir de 1857, estabeleceu que o conjunto "Física e História Natural" seria oferecido aos rapazes, mas que para as meninas esse estudo tinha de ser substituído por "Desenho aplicado aos labores e ligeiras noções de Economia Doméstica". Vê-se que o sistema supunha que as ciências naturais eram assunto para o sexo masculino. Diferentemente, nosso currículo de Ensino Médio estabelecido no fim do século XX tinha em seu espírito o propósito de não separar homens de mulheres, ricos de pobres, negros de brancos, magros de obesos, feios de belos, altos de baixos ou fracos de fortes. Todos eram brasileiros e todos podiam ter acesso igualitário ao conhecimento básico, para que, às portas da universidade, pudessem escolher com liberdade, não com a fraqueza de quem foi levado a preparar-se pela metade.

Exame

Usou-se o resultado de um exame do Saeb (Sistema de Avaliação do Ensino Básico) mostrando que o aprendizado de Matemática caiu no Ensino Médio. Caiu, sim, e a culpa é do ENEM, quer dizer, de quem elabora o ENEM. Porque o Saeb aborda todos os assuntos de Matemática do Ensino Médio. O ENEM, não.

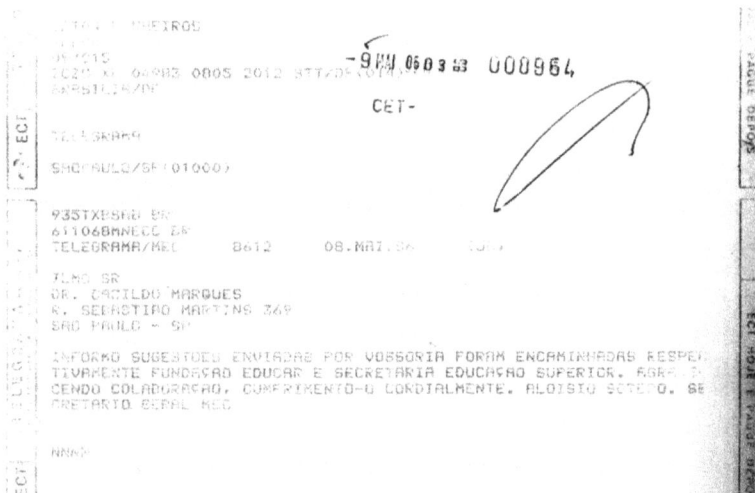

Telegrama de Aloísio Sotero agradecendo sugestão de criação do Saeb (8/05/1986)

O ENEM é para avaliar o Ensino Médio, mas não aborda conteúdos... do Ensino Médio. De 42 tópicos, trata de três subtemas: Probabilidade, que é parte de Análise Combinatória; Geometria Espacial Métrica, que é parte do tópico Geometria Espacial; e Mediana, que é parte de Estatística. Um ou outro probleminha de Progressão Aritmética não exige nenhum estudo prévio do estudante sobre o assunto. Nada de Trigonometria, Função Modular, Inequação-Produto, Função Exponencial, Logaritmos, Matrizes, Método de Laplace, Binômio de Newton, Geometria Espacial de Posição, Poliedros de Platão, Geometria Analítica, Unidade Imaginária, Variância, Equações Polinomiais ou Derivadas.

O ENEM é o exame mais importante do Brasil, portanto, é

sinalizador dos conteúdos a serem trabalhados nas escolas, pelos professores e pelos alunos. Se desde 2009, quando passou a funcionar como exame vestibular, tivesse tratado de incluir os assuntos do Ensino Médio, principalmente do terceiro ano, seguramente o aprendizado de Matemática teria crescido. Os alunos das escolas brincalhonas teriam tomado um susto no início, mas logo o sistema todo se elevaria. Tenho insistido com os parlamentares: é necessário, para escapar da maldição do nivelamento por baixo, instituir em lei que pelo menos 60% dos quesitos do exame, pelo menos em Matemática, sejam compostos de assuntos do terceiro ano do Ensino Médio.

Eu passo anos treinando o leão para pular num tanque cheio d'água, porque é isso que os exames cobram. Em dado dia, testam o leão no pulo por dentro da roda de fogo. O leão falha. Daí uns espertalhões vêm abolir meu serviço de treinamento, alegando que não trabalhei direito. Seria bom se o Brasil fosse apenas um "deserto de homens e ideias", como denunciou Oswaldo Aranha. Seria bom. Mas está claro que não é bem assim. É um celeiro de espertalhões. Isso tem conserto? É claro que sim. Não denunciemos a falta de cérebros, como fez o diplomata. Denunciemos os mecanismos do atraso, das mentes que trabalham incansavelmente para congelar o país na condição de eterno "país do futuro".

Vou continuar crendo que o Presidente Temer foi envolvido numa trama que não condiz muito com o perfil de homem democrático dele, lançado na política pelo Governador Franco Montoro nos tempos do regime militar, como quadro da oposição, do MDB. Como já disse acima, ele acabava de chegar de viagem e recebeu a Medida Provisória pronta. Ele não a preparou, apenas acreditou na conversa dos que diziam ser "consenso" a necessidade da "flexibilização". Advogados não gostam das ciências exatas e tratam de desprestigiá-las? Mentira. Certamente há certa parcela nessa categoria. Jânio Quadros, que eliminou a disciplina Desenho Geométrico do ensino municipal de São Paulo, foi um desses. Mas não há essa relação generalizada de causa e efeito. Meus alunos que seguiram a carreira do Direito dificilmente se enquadram na classe dos que desprezam as exatas. Tive alunos fortíssimos nas exatas, que calculavam limites e derivadas de cabeça e que optaram por Direito. Minha interferência restringia-se a recomendar que escolhessem então as áreas de Direito Tributário ou de Direito Trabalhista, para aproveitar a facilidade em contas.

E que consenso é esse a favor da flexibilização se é contrário ao desejo dos alunos, dos gestores escolares e dos docentes? Era o consenso apenas dos imitadores de velharias, que não querem ver a juventude brasileira senhora de seu destino. E os defensores ardorosos da ideia usaram a grande imprensa no episódio da mesma forma que os terroristas usam os trens para transportar suas bombas.

O Presidente Temer, como é de conhecimento geral, voltou atrás em várias de suas decisões, principalmente no início de seu meio mandato presidencial. Haveria a possibilidade de ele rever a Medida Provisória da flexibilização. Mas, como está no truísmo chinês da flecha disparada, que não pode ter sua trajetória interrompida para voltar ao arco, nesse caso da flexibilização o chefe de Estado compraria uma briga com as piores forças políticas do país, forças equivalentes àquelas que dispararam o golpe de 1964, em sua forma civil, a 1 de abril, e em sua forma militar, no dia 15, com a destituição do presidente aparentemente constitucional, Pascoal Ranieri Mazzilli, e a posse, como ruptura declarada, do Marechal Humberto de Alencar Castello Branco, autointitulado, até 15 dias antes, como "legalista". Naquele ano, João Goulart disse que queria apenas fazer uma reforma agrária muito tímida, queria fortalecer a indústria de base e melhorar os ganhos salariais dos trabalhadores pobres, e isso atiçou a ira dos conservadores. Antes do acirramento de ânimos das redes sociais pós-2012, os tóries ingleses sempre foram mais tolerantes com o trabalhismo democrático deles que os conservadores brasileiros em relação ao trabalhismo democrático de cá, mesmo se abstrairmos as atitudes provocativas de Leonel Brizola, ardoroso defensor do presidencialismo demagógico.

Desta vez, no fim de 2016, os motivos dos conservadores eram muito mais pesados. Agora o fruto do trabalho daqueles pensadores citados acima, que abriram o caminho para a construção desse currículo integrado do início do século XXI, e que nenhum deles viveu para ver, o fruto desse trabalho era a libertação da população pelo caminho do conhecimento. Isso é muito mais que ganhar um pequeno pedaço de terra ou ter um pequeno aumento salarial. Abrir à população o caminho para a competição saudável nos bancos da universidade naqueles cursos que antes eram cercados de grossas correntes virtuais contra a presença de gente "comum", isso é a verdadeira revolução silenciosa e pacífica que sempre esteve no espírito da gente brasileira, vítima, em todos os seus grandes passos, das mentalidades atrasadas de uma dúzia de donos ilegítimos do país.

Ginasianos

Essa defesa que venho fazendo do currículo integrado do Ensino Médio significa que o sistema de ensino está encaminhado em todos os seus ciclos? Nada disso. Onde ele estava melhor era no Ensino Médio. O primário, que são hoje os dois primeiros triênios, de crianças dos seis aos onze anos, tem melhorado. Mas o terceiro triênio, o ginasial, do sétimo ao nono ano, sofre ainda as sequelas da política de terra arrasada que a demagogia despejou sobre ele no fim do regime militar. Os alunos foram, oficialmente, dispensados de demonstrar aprendizado, o que, no fim das contas, significa que foram dispensados de estudar. Por demagogia e compra disfarçada de votos, levaram os adolescentes a entender que não precisariam mais se esforçar para aprender matéria nenhuma e que obteriam seus títulos. Celso Pitta, prefeito de São Paulo, chegou a assinar resolução proibindo que se fizessem constar as notas do aluno no histórico escolar do Ensino Fundamental, de modo a transformar todos em iguais na nulidade educacional. As crianças não conseguem perceber que isso é safadeza, até tentar algum desempenho lá na frente, já como adultos. O pior é que jogam a culpa sobre si próprios. Roubaram a chance de o jovem crescer exercitando a mente e quando adulto ele imagina que ele é que foi negligente.

O ginasial de hoje, o liceu júnior, ou terceiro triênio, vem funcionando com as pernas quebradas. Na imensa maioria das escolas os garotos não aprendem a resolver sequer uma equação do primeiro grau. Em Gramática, não aprendem a distinguir um substantivo de um verbo, que dirá distinguir um objeto direto de um complemento nominal. Chegam até a dizer por aí que isso não serve para nada. Passam anos "praticando" interpretação de textos. Coisa de loucos. Só os tiranos é que impõem exame de interpretação de textos: tal versículo do livro do Levítico tem tal significado, e quem disser que é outra coisa será lançado do topo da Rocha Tarpeia.

Assim, aquele professor que caiu no conto do fanático e encheu sua prova de questões de interpretação de textos para aplicar em sua turma de oitavo ano, esse professor, consciente disso ou não, está agindo como tirano. Posso elaborar prova de interpretação de textos e com ela reprovar qualquer pós-doutor que eu queira, porque eu sou o dono do gabarito. É claro que nunca vou fazer isso, nem se me obrigarem. Mas o colega professor precisa saber que o sistema não está prejudicando apenas as crianças, fornecendo-lhes mau ensino, mas está induzindo o próprio professor a fazer trabalho insano.

Uma das razões do ginasial ruim que impingem às crianças é o modelo da reforma de 1971, do regime militar, que fundiu o primário com o ginasial. A visão anterior é de que quando o adolescente ingressa no ginasial ele pula para uma etapa superior de aprendizado. Ele não tem mais seis anos de idade. Mudar de ambiente é um bom indicador de que ele cresceu. Assim, o primário, que Anísio Teixeira defende que esteja prioritariamente na mão das prefeituras, faz um bom trabalho, bastando um pouco de zelo. Deixar o ginasial com as prefeituras, como fez o regime militar, é convidar o sistema a não oferecer "biscoito fino". Sem demérito ao trabalho dos docentes dos dois primeiros triênios, o terceiro triênio deve ter tratamento diferenciado. O curso primário não é para qualquer docente. É o momento de apresentar à criança um universo a ser explorado, com o uso da arte, das histórias, da alegria da descoberta do próprio mundo. O ginasial é mais introspectivo, mais platônico, voltado à descoberta das mudanças corporais e das possibilidades do próprio intelecto. Eliminar o Desenho Geométrico, como fez Jânio Quadros, significou abraçar inteiramente o espírito do regime militar, que era a de manter o ginasial como uma extensão indiferenciada do primário.

Uma reforma necessária para o ensino básico consiste em

transferir, paulatinamente, o terceiro triênio, das prefeituras para os sistemas estaduais. Certamente isto apenas não basta, mas é um ponto de partida.

Outra mudança de entendimento é que a pré-escola não é escola. Escola é quando se aprende a ler e a escrever. A pré-escola é importantíssima, mas é questão de saúde, não de instrução. Todo o tratamento pré-escolar, das crianças de zero a cinco anos, deve ficar a cargo do Ministério da Saúde, que deve contar com uma Secretaria de Puericultura. Cada secretaria de saúde de Estado ou Município deve contar com uma Coordenadoria de Puericultura, para cuidar de suas creches e seus jardins-de-infância (devolva o hífen, ó saudoso Houaiss!).

Invasões

Volto à questão das ocupações de escolas por adolescentes e à morte do menino Lucas porque o assunto é central no tema presente. Houve uma morte, e ela não abalou as convicções dos inimigos do país, justamente porque são inimigos da juventude. Eles continuaram firmes na defesa da Medida Provisória da desmontagem. Não se pode deixar de fazer menção à atitude do presidente da Câmara dos Deputados, Rodrigo Maia, que tentou negociar a devolução da peça ao Palácio do Planalto. Ficou falando sozinho. A avalanche do atraso era violenta demais para que ele continuasse uma luta inglória para salvar a juventude do país, sem apoio da grande imprensa, a chamada "mídia", neologismo brasileiro paupérrimo, mas muito adequado ao significado. É uma perversão tupiniquim da expressão inglesa "mass media", literalmente, meios de massa.

A mãe do menino Lucas declarou à imprensa que havia assinado uma autorização para que o filho permanecesse na escola invadida (escola "ocupada" é quando ela está trabalhando em seus afazeres regulares). Disse que só assinou porque imaginou que houvesse adultos dentro da escola, cuidando dos jovens. A fala mostra bem onde se situa a responsabilidade do poder público. Era inconcebível, na cabeça da mãe, que crianças tomassem a escola e impedissem entrada de adultos, como de fato estava ocorrendo. E a mãe estava correta no raciocínio, embora imaginasse, erroneamente, que haveria uma parte do poder público contra outra, o que surge dos vários embates em que professores lutam contra os governantes como se eles fossem seus patrões, exploradores pessoais de sua força de trabalho. Os locautes de professores têm sua responsabilidade na costura do episódio. No caso da invasão, e a mãe veio a saber depois, de forma trágica, os alunos, e não os professores, é que estavam enfrentando o poder público, e não o estadual, mas o federal. Não havia mesmo adultos.

E de onde vem essa prática de estudantes invadirem prédio público? Da Revolução Islâmica do Irã, de 1979. Lá os estudantes invadiram prédio público de outro país, que foi a embaixada dos Estados Unidos, em Teerã. No mesmo ano, estudantes babuínos invadiram a reitoria da USP. E a moda pegou. Não houve um ano que não registrasse invasão de algum prédio público em algum lugar do Brasil.

No final do ano de 2015, os estudantes do Ensino Médio da rede estadual de São Paulo fizeram suas invasões. Tomaram suas escolas, impedindo o término do ano letivo, como protesto contra uma reorganização escolar que o então secretário da Educação, engenheiro e cientista Herman Voorwald, pretendia fazer, envolvendo transferências de ciclos entre prédios e fechamento de um certo número de unidades escolares. Eu disse lá em cima que a forma de luta é errada. Por mais que algum colega professor ache que isso faça sentido, minha experiência de gestor mostra o contrário. Quando dentro de uma escola convivem adultos e crianças, os adultos são a parte responsável nessa convivência com grande contingente de pessoas ininputáveis. E se esses adultos são autoridades, sejam docentes sejam gestores, melhor ainda será essa relação de responsabilidade. Por exemplo, deixemos dez garotos na sala de informática, divertindo-se, sem que nenhum deles tenha nenhum cargo de destaque em meio ao grupo. Levemos todos os adultos para atividades fora da escola e entreguemos as chaves aos dez meninos, para que fechem o estabelecimento quando bem entenderem. Repitamos isso em dias seguidos, mas variando o grupo de meninos. A menos que sejam todos anjinhos, alguns quererão aprontar coisa errada. Se um decide roubar materiais, os outros não se responsabilizarão pela perda. Quando os adultos forem fazer levantamento dos materiais que antes estavam na sala, perceberão as faltas, mas não conseguirão saber dos garotos quem foi o larápio. No caso de uma invasão de escola em que adolescentes de turnos distintos se revezavam, sem que uns conhecessem os outros, ladrões muito treinados participaram tranquilamente da "luta", roubando televisores, computadores e outros bens da escola. No colégio Fernão Dias Paes, do bairro de Pinheiros, em São Paulo, o prejuízo calculado depois que a invasão foi encerrada, ficou na faixa dos 15 mil reais, segundo o governo. Um ou outro aluno pode ter roubado alguma coisa, mas, seguramente, o grosso dos valores subtraídos foi obra de grandes ladrões que circulam pelo bairro. Se um adolescente jura perante seu professor de confiança que participará da invasão e que saberá tomar conta do patrimônio, está falando baboseira. Se o professor acreditar, guardará isso para si, porque se comentar com algum gestor sensato, este mostrará contrariedade de imediato.

Os adolescentes invasores, tanto em São Paulo quanto, no ano seguinte, no Paraná, estavam sendo orientados por partidos de oposição, mas não, como muitos imaginavam, partidos que haviam exercido poder. Eram partidos que engatinhavam e procuravam crescer estabelecendo parceria com as crianças, como fazia a corrente Convergência Socialista no século XX.

Em resposta à Medida Provisória da flexibilização os adolescentes de São Paulo tentaram voltar às invasões. Naquela altura, umas três escolas iniciaram o movimento, mas logo foram evacuadas. A razão é que logo após o vexame de 2015, em que as crianças conseguiram a derrubada do secretário cientista, o governo estadual obteve uma garantia da justiça: há o instrumento da autotutela, segundo o qual o bem público invadido pode ser automaticamente recuperado, sem necessidade de aguardar sentença de reintegração de posse. Isso é o que foi usado contra as tentativas de invasão de 2016.

Assim, se São Paulo não teve invasões de colégios não é porque os jovens estivessem aceitando a Medida Provisória, mas porque o governo estadual já estava prevenido contra essa forma de luta. Se havia um Estado com motivo muito forte para rejeitar a flexibilização, este era São Paulo. E logo digo o porquê.

Bandeirantes

São Paulo esteve à frente da derrocada do ensino no início da Nova República, mais precisamente no início do governo Collor, primeiro presidente eleito direta e popularmente em três décadas.

Esperávamos que os danos provocados pela reforma de 1971 viessem a ser sanados com o fim do regime militar, mas percebemos que, para efeito do ensino da população, o sistema demagógico pode ser mais prejudicial que um regime de exceção como aquele que estávamos vivendo, pois os males que já vinham sendo impostos ao sistema educacional receberam, a partir de 1986, uma enorme carga de reforços.

Foi naquela fase que o mandato de Jânio Quadros aboliu no ensino municipal da capital de São Paulo o ensino do Desenho Geométrico, que, junto com alguns controles, fazia a rede municipal ser melhor que a rede particular e a rede estadual. E a partir de 1990 e 1991 completou-se o desatino, com o alunado recebendo a informação implícita de que não havia mais necessidade de estudar

Na rede estadual, o ataque foi ainda mais capcioso. No dia 2 de agosto de 1991, o Conselho Estadual de Educação fez publicar no Diário Oficial do Estado de São Paulo a famosa Deliberação CEE 3/91, sutil como uma epidemia de verminose. No Artigo 2º, sob o caput, a Deliberação dizia: *"§1º - A supervisão verificará o documento e registrará em termo de visita essa apreciação, quando constatar retenção: a) em UM componente curricular em qualquer série ou termo do curso, e b) na última série ou termo do curso, independente(mente) do número de componentes curriculares"*. Aparentemente, a deliberação nada mudava na rotina dos funcionários da Educação, já que tudo aquilo estava já nas atribuições dos agentes envolvidos, mas explicitava a perda de autonomia do Conselho de Classe e Série no fim do ano letivo para decidir, soberanamente, como sempre ocorreu, o destino do aluno, quanto a retenção ou promoção. O caso iria para o supervisor, que tanto poderia confirmar o veredicto da unidade escolar como pederia invertê-lo, entrando em confronto direto com a equipe escolar. Até então, mesmo tendo o supervisor, antigo inspetor escolar, o papel de fiscalizar os procedimentos de docência e gestão quanto à conformidade frente aos dispositivos legais, o sistema nunca tinha usado o supervisor para desmerecer o trabalho das unidades escolares. E foi isso que passou a acontecer. A função mais importante do supervisor no fim do ano letivo passou a ser essa de aprovar o aluno que a unidade escolar reteve.

Foi entendido pelo professorado, logo que o sentido da Deliberação fez-se valer, que o objetivo do sistema era liberar o aluno de estudar Português e Matemática, embora lá estivesse escrito que subiria à supervisão o caso do aluno que estivesse com problema em UM componente curricular, qualquer um. Mais à frente a intenção do legislador se escancarou: era Matemática o elemento a ser atacado.

Invariavelmente, o aluno que estivesse "pendurado" apenas em Matemática era aprovado pelo supervisor. Muito raramente a disciplina era outra, porque o objetivo sub-reptício do legislador era impedir o aprendizado de Matemática pelos filhos das famílias menos informadas e mais humildes.

Como veio a derrocada acelerada do nível de ensino da rede estadual de São Paulo, a impressão que ficava era a de que nunca o sistema voltaria a se elevar sem a revogação daquela peça. Mas a cada ano novas nuances eram incorporadas às regras de retenção e promoção, sem nunca ter havido de fato a revogação. Para efeito de comparação, o Parlamento da Polônia tomou uma decisão parecida uma década depois, mas sem a desonestidade de disfarçar ataque à Matemática. Decidiu o Legislativo daquele país, com a devida sanção por parte do Executivo em seguida, que Matemática deixava de ser "disciplina" e passava a ser apenas "atividade", sem poder de retenção de alunos. Em 2010, uma década depois, o Parlamento revogou a medida, pois constatou, como era de se esperar, que os alunos não deixaram de estudar apenas Matemática, mas todas as matérias.

No Brasil, legisladores não têm o costume de revogar dispositivos maléficos. Quando é o caso, os tribunais é que fazem isso, exorbitando de sua competência. Assim, a queda do ensino em São Paulo foi copiada por outras unidades da federação, pouco a pouco. Antes da Deliberação 3/91, o Saeb tinha classificado São Paulo entre as três melhores unidades da federação quanto ao nível de ensino. As outras duas eram o Distrito Federal e Minas Gerais. Três anos depois da Deliberação, São Paulo caiu para 13º lugar. Uma consequência dura foi a crise da PUC-SP, que dependia de boa formação do alunado do ensino básico, principalmente da escola pública, para valorizá-la. A PUC-SP era a primeira universidade privada do país, pelos exames do Mec. Com a queda no ensino básico, logo a PUC-RJ superou a de São Paulo, que continuou afundando até atravessar uma serríssima crise financeira. Pouco a pouco, também a USP, que, sendo a primeira universidade da América Latina na classificação do THE de Londres, mantinha-se sempre no TOP-200, passou a apresentar queda paulatina. Hoje continua a primeira da América Latina, mas está bem abaixo do duocentésimo lugar.

Uma professora de Tocantins em visita a São Paulo veio me fazer a seguinte pergunta: "Os professores de São Paulo são obrigados a "empurrar" para a série seguinte alunos que não aprenderam?" Minha resposta foi: "Sim, São Paulo é que começou essa prática".

No início do século XXI chegamos a uma situação calamitosa, em que eram constatados muitos casos de alunos que terminavam o primário da época, chamado primeiro ciclo, que ia até a quarta série, quinto ano de hoje, sem dominar o mecanismo da leitura. Eram alunos que concluíam quatro anos seguidos de escolaridade sem alfabetizar-se. Quando solicitada a explicar a situação, a Secretária Estadual da Educação argumentava que a imprensa andava pinçando casos isolados. Mas não eram casos isolados, e sim uma tendência que se expandia. A proporção de alunos que passavam para o então ciclo II, ginasial, sem alfabetização era cada vez maior, alcançando já uma cifra de uns 30%.

O jornal mensal que eu edito, a Gazeta Cidadã, passou a denunciar com insistência o problema e chegou a receber reprimendas e ameaças, embora nada de muito grave. O analfabetismo crescente atingia escolas estaduais e também as municipais da capital do Estado. Foi então que tomou posse como secretário da Educação do Município o Dr. José Aristodemo Pinotti, que abraçou a missão de eliminar o problema de alunos terminarem o primeiro ano escolar sem dominar a leitura. Mandou imprimir o livro de alfabetização, um volume de capa azul, e criou o programa "Ler e Escrever", que depois foi adotado também na rede estadual. Em pouco tempo, a calamidade de crianças crescendo analfabetas dentro da escola foi superada.

Avaliações

Era necessário implementar esse trabalho de resgate nos níveis seguintes da sequência do ensino básico, que, na seriação atual, correspondem aos dois triênios finais do bloco fundamental e ao triênio do Ensino Médio. Mesmo com a abolição do Desenho Geométrico, o problema certamente não estava no currículo, como alardeiam as vozes do atraso. Quem estava envolvido no problema sabia que toda a derrocada vinha pelo abandono que as redes públicas enfrentavam por parte das autoridades. A rede estadual passou, por exemplo, um período de mais de vinte anos sem realizar um concurso para contratar inspetores de alunos. A avaliação das crianças, como já dito acima, tinha sofrido sua maior descaracterização em toda a história. E não é questão de defender a volta do rigor nas reprovações, mas de ter em conta que o aluno estuda para os exames se os exames têm algum valor, alguma consequência. Se for só para gastar tinta de caneta e tempo, as crianças estão em todo o seu direito de ir às provas sem nenhuma preocupação com preparo prévio.

O resultado da avaliação bimestral tinha sido transformado num sistema de menções, de A a E, que o regime militar copiou dos Estados Unidos. Na rede municipal de São Paulo, foi adotado um modelo em que o aluno recebia não cinco tipos de menção, mas apenas três, sendo dois para promover e um para reter. Eram os tais Plenamente Suficiente (PS), Suficiente (S) e Não Suficiente (NS). Muitos professores, inclusive eu, insistia durante aqueles anos todos na importância da volta da avaliação por nota numérica, que é a única educativa para crianças e adolescentes. O sistema de menções em letras leva automaticamente à tutela permanente do corpo discente, porque o aluno não pode fazer contas com os resultados de provas e trabalhos, ficando na mão do examinador quanto ao resultado final. Na outra ponta, o examinador tampouco tem o controle do rendimento do aluno, aumentando com isso o arbítrio no julgamento. Para evitar injustiças, os professores menos severos passavam a evitar atribuir resultados vermelhos. Em grande parte das unidades escolares, certamente a grande maioria, os alunos recebiam menção azul, tenham aprendido ou não algum conteúdo. Na rede estadual, a partir da Deliberação 3/91, isso passou a ser política deliberada e sorrateira de Estado.

Na escola de Ensino Médio em que eu lecionava, resistimos o quanto pudemos. Para vencer as resistências de professores mais ciosos de seu trabalho, a Secretaria da Educação criou o curso de recuperação de férias, apelidado "janeirão", visando a aprovar mais alunos. Os alunos que depois do conselho final ficassem com várias menções vermelhas nas disciplinas cursadas eram convocados para cursar um mês de reforço de matérias após o Ano Novo. O detalhe interessante para o objetivo de "empurrar" alunos é que o professor contratado para esse mês não era o professor que o aluno teve ao longo do ano letivo. Ele poderia inscrever-se, mas eram raríssimos os que se submetiam a isso, porque em geral o professor regular estava ansioso por descansar em suas férias regulares. Vinham para a recuperação quase sempre professores desempregados, que precisavam muito daquele mês de salário. A situação corriqueira passou a ser então a seguinte: um dado aluno zombou de seu professor durante todo o ano letivo, sem nunca abrir um caderno, e no mês de janeiro era aprovado pelo professor de recuperação, porque este, sem nenhuma garantia de emprego, era pressionado por todos os lados a promover os alunos tidos como fracos. Em fins de fevereiro, o professor regular estava com esse aluno na série seguinte, promovido sem nenhum mérito e zombando mais ainda de seu mestre. No último ano em que vigorou aquela prática, tudo o que os professores puderam fazer com os alunos em janeiro, em qualquer disciplina, foi orientar a construção de estatuetas de argila (a volta do artesanato à escola teria sido louvável, se o objetivo por trás não tivesse sido o de substituir o aprendizado em geral). A nota era dada para a "qualidade" da estatueta que o aluno fabricava.

Crescimento

No segundo ano do tal "janeirão", terminamos o conselho final e entramos em recesso de fim de ano, à espera das férias de janeiro. No dia seguinte a diretora me telefonou, pedindo que eu fosse com urgência à escola. Eu ainda não era coordenador, mas auxiliava a direção sempre que possível. Lá encontrei a diretora mortificada com um telefonema que acabara de receber da Diretoria Regional de Ensino (antes era Delegacia de Ensino, mas a demagogia mudou para Diretoria Regional). O telefonema, não um comunicado oficial assinado por alguém responsável, dizia que alunos que estivessem em recuperação em uma ou duas disciplinas teriam de ser aprovados automaticamente, e que isso teria de ser comunicado a eles. Na quase totalidade dos casos uma dessas duas disciplinas era Matemática, podendo ser a outra Português, Química, Inglês e assim por diante.

A diretora, inconformada, disse não concordar com aquilo e que precisava de minha ajuda para encontrarmos uma solução. Ela não aceitava o fato de ter de chamar alunos que sabiam que não estavam aprovados para avisá-los de que tinham passado "de graça" devido a uma ordem recebida por telefonema de burocratas.

Decidimos então enganar os enganadores. A solução que propus foi: não vamos chamar os alunos para avisar que foram aprovados automaticamente, mas para dizer que os que estão em uma ou duas matérias não farão o "janeirão" (esse era o objetivo dos burocratas), mas que terão de fazer nossas provas, após elaborarem trabalhos daquelas disciplinas. Naquele ano a quantidade de alunos nessa situação não era tão grande, e eu mesmo fui fazendo testes de múltipla escolha e aplicando sobre esses alunos. A ideia por trás disso era muito simples: não queríamos prejudicar aluno nenhum, e não aceitávamos que alunos saíssem do colégio com a sensação de que, sem estudar, receberam promoção gratuita em uma ou duas matérias que eles elegessem como seus desafetos.

Nos anos seguintes, o número de alunos em recuperação foi crescendo assustadoramente, como sempre acontece quando o corpo discente percebe que estão facilitando sua vida de estudos. E os colegas professores eram solicitados a deixar trabalhos na máquina de Xerox e também deixar provas prontas, que seriam aplicadas àqueles que não estivessem "pendurados" em três ou mais matérias. Em alguns anos nessa situação, tornou-se um consenso na unidade escolar que os alunos que ficavam na "recuperação da escola", de uma ou duas matérias, aprendiam, ao contrário dos que ficavam em três ou mais disciplinas e tinham de frequentar um mês inteiro de aulas em janeiro. Estes passavam mais um mês brincando em sala de aula e iam para a série seguinte.

Nessa fase dos "janeirões" eu me tornei coordenador do colégio. Um dia recebemos a notícia de que esse mês de recuperação estava abolido. Certamente a burocracia avaliou que o espírito da promoção gratuita e automática já estava incorporado no meio docente. Lamentamos, porque nossos alunos que ficavam em "recuperação de escola" ganhavam muito em aprendizado, estudando em casa a partir dos trabalhos que os professores deixavam para eles. E nunca um aluno veio questionar aquilo, dizendo que pelo que sabia de outras escolas já estava aprovado por ficar apenas em uma ou duas matérias. Nossos alunos desenvolveram respeito e até carinho por nossa "recuperação da escola", era o fato.

Também oferecíamos a "prova unificada" bimestral, um teste de múltipla escolha elaborado em conjunto pelos professores e aplicado a todos os alunos, valendo 20% da nota final em cada bimestre e em cada disciplina. A ideia era fazer nossos alunos saírem da escola preparados para enfrentar a primeira fase dos grandes vestibulares e também dos concursos de emprego. Como era sempre no final do bimestre, essa prova pressionava positivamente os alunos a revisar os conteúdos do período, o que elevava muito o nível da escola. Por vários mecanismos, quase sempre em desacordo com as ordens que vinham de cima, a escola passou a ser cada vez mais diferenciada do conjunto das mais de seis mil unidades escolares estaduais de São Paulo.

Certa vez fomos chamados à Diretoria Regional para tomar conhecimento da proposta de novo programa das disciplinas. Este previa grande facilitação e corte drástico na abrangência dos conteúdos. Por exemplo, Matemática do primeiro colegial teria apenas o capítulo de Progressões, assunto que costumávamos vencer em 20 dias seguidos, mas no segundo ano, porque no primeiro significa desperdiçar oportunidade de trabalhar com o aluno um assunto sofisticado, já que não se trata aí de apenas decorar fórmulas, como muitos pensam. Discutimos na escola e mandamos a resposta: não aceitaríamos tal proposta. Soubemos depois que ficaram falando por lá que os professores da escola Andronico não entendiam nada de conteúdos programáticos. Por iniciativa minha, nessa altura, fizemos afixar na sala dos professores quadros na parede com os conteúdos de todas as disciplinas divididos por bimestre, incluindo Educação Física, que foi a primeira. Os professores costumavam consultar sempre esses quadros, que eram um excelente guia para os professores que ingressavam após iniciado o ano letivo. E eles serviam de guia para a elaboração da prova unificada.

Discentes em intervalo de aulas na escola Andronico

Um exame do Saresp aplicado a uma turma de ingressantes no meio do ano letivo, comparado dois anos depois com o resultado do Saresp aplicado à mesma turma já no meio do terceiro ano, tinha como objetivo descobrir quais escolas estavam propiciando melhor crescimento aos seus alunos em termos de aprendizado. Em nossa unidade, a Escola Estadual Professor Andronico de Mello, Butantã, a média obtida no primeiro ano foi 5,0. Quando veio a prova no terceiro ano, eles subiram para 5,5. Alguns colegas professores reclamaram nas aulas: "Como ficam o colegial inteiro conosco e só crescem meio ponto?" Acalmei os colegas professores, avisando: "Duvido que outro colégio estadual tenha agregado maior rendimento que este".

Logo veio o resultado geral. Uma escola de São Bernardo do Campo tinha sido o primeiro lugar em rendimento entre as de Ensino Fundamental. No Ensino Médio, o maior crescimento foi na nossa.

O Governador Alckmin, que estava em seu primeiro mandato como titular do Palácio dos Bandeirantes, ofereceu um prêmio. Quarenta alunos, entre os de bom desempenho, teriam uma viagem de uma semana a Petrópolis, paga pelo governo estadual. Escolhemos a Professora Maria Aparecida Ratier Strasbourg, de Artes, para acompanhar os alunos naquela viagem.

Poucos anos antes dessa constatação de alto desempenho no exame do Saresp, a escola ganhou expressiva notoriedade por causa de um esquema de reportagem imaginado e posto em prática pela revista VEJA. A revista consultou todas as unidades da USP com algum curso cuja concorrência no vestibular havia ultrapassado o índice de trinta candidatos por vaga. O trabalho não foi muito difícil de realizar-se porque são poucos os cursos nessa condição. Naquela fase, Engenharia no campus Butantã, por exemplo, tinha 600 vagas, contadas num único conjunto, que era o ciclo básico da Escola Politécnica. As opções que apresentavam alta disputa e tinham poucas vagas é que formavam esse leque. O que a revista da Editora Abril queria saber era o nome dos colégios que conseguiram fazer ingressar pelo menos dois de seus formandos em cada um desses cursos. Das escolas particulares, que vinham sendo as únicas com boas chances depois que a Fuvest mudou as exigências, com notas eliminatórias por área, e virou o jogo (até 1979 os colégios públicos conseguiam sempre mais de 70% das vagas da USP), dessas escolas, somente nove estavam naquela condição. Era esperado mesmo um número pequeno, porque quem conhece o processo da educação básica sabe que o número de escolas com ensino de alto nível é muito restrito. Junto àquelas nove estava também a Escola Técnica Federal, do bairro do Canindé, o que também era esperado. A surpresa da reportagem foi constatar que ainda havia colégios estaduais capazes de entrar nesse rol. E foram dois, um identificado num curso de exatas e tecnologia, Ciências da Computação, outro num curso de humanidades, Publicidade e Propaganda. Nós da escola Andronico procurávamos desestimular nossos formandos a optar por Publicidade, argumentando que os que pretendem essa carreira devem procurar trabalhar nela já durante o Ensino Médio, como aprendizes, não depois da faculdade. Assim, o colégio estadual que aprovou dois de seus alunos no curso de Ciências da Computação foi a escola Andronico. Em Publicidade e Propaganda, o colégio a levar a láurea foi a escola Albino César, do bairro do Tucuruvi.

A escola Andronico vinha aparecendo na grande imprensa pelo seu bom desempenho no vestibular e por muitos de seus feitos. O nome da escola vinha sendo construído paulatinamente. Passaram por seus bancos o técnico Murici Ramalho e vários outros atletas do São Paulo Futebol Clube, como Miller, Silas, e o mais notável deles, Rogério Ceni, que foi meu aluno de Desenho

Geométrico. Transferiu-se da unidade escolar no último mês do terceiro colegial por causa de uma disciplina, que não me cabe aqui dizer qual, mas em minha matéria ele foi dos melhores, e em Matemática, com o Professor Suzuki, tampouco tinha dificuldades. Também passou pela escola Andronico gente que trouxe ouro olímpico para o Brasil, jovens que vieram a ser atores do teatro profissional e da TV Globo (casos de Hélio Souto Jr. e seu irmão Júlio Souto), futuros produtores de TV, profissionais da imprensa (como Guilherme Bentana - *in memoriam*, Wilson Donini e Camila Tushlinski), prefeitos pelas cidades do interior, a Globeleza vestida Érika Moura e inúmeros outros profissionais bem-sucedidos em suas áreas de atuação.

Motivos

No ano de 2004, olhando para trás, tentei reconstituir nossos passos e enxergar quais eram as principais práticas que levaram a escola Andronico a atingir o primeiro lugar inconteste no início do século entre os colégios estaduais de Ensino Médio em todo o Estado de São Paulo. Certamente, um ou outro ponto pode ter escapado, mas acho que o cerne do trabalho está registrado nos pontos abaixo.

1. Há um respeito grande pelo cumprimento do *conteúdo* programático;
2. Os professores têm boa *formação* e os que não têm são trazidos ao mesmo patamar, pelos colegas;
3. O curso da 1ª série inicia-se com um mês de *revisão* de Português e Matemática;
4. Todos os professores tiram dúvidas de Gramática e corrigem erros;
5. Todos os professores de exatas tiram dúvidas de Matemática;
6. O trabalho em equipe em torno dos conteúdos garante-se via *prova unificada* bimestral;

7. A escola tem sua própria recuperação para que o aluno não tenha a sensação de ter "passado de graça";

8. Os alunos acostumam-se a usar os *livros* didáticos;

9. Matemática usa um sistema apostilado, elaborado pelos professores da unidade;

10. Todos aprendem a cuidar do *patrimônio* público e a zelar pela escola;

11. Não se adianta aula nem se dá aula simultânea em duas classes;

12. Nenhum aluno pode entrar - ou ir embora - sem a carteirinha escolar;

13. Aluno nunca fica sem aula mesmo que para isso lecione a própria diretora;

14. O Conselho de Classes é feito em apenas um dia útil por bimestre;

15. A equipe tem propósito firme de formar para o trabalho e para a universidade;

16. Os professores não cortam conteúdos e ministram pelo menos o essencial por tópico;

17. O índice dos conteúdos mantém-se exposto em quadros na sala dos professores;

18. Vários professores trabalham na escola além do seu horário, por gosto pessoal;

19. Os pais são parceiros nas questões de disciplina e cumprimento de horários;

20. São feitos todos os gastos necessários ao bom andamento do trabalho;

21. A escola é *informatizada* e oferece com presteza os serviços demandados;

22. Cumprem-se rigidamente os dias letivos previstos;

23. Instruem-se os formandos quanto aos bons cursos superiores;

24. O cumprimento das normas do regimento visa à boa educação dos alunos;

25. Têm apoio as *atividades* discentes (fanfarra, rádio na escola, viagens,...);

26. A sala de leitura ("biblioteca") é bem organizada;

27. A APM da escola oferece muitas festas para o aluno se

divertir e evitar "baladas" suspeitas;

28. A APM oferece infraestrutura (duas máquinas Xerox, porteiro,...);
29. Todos os alunos usam o uniforme (proíbem-se camisetas de times de futebol);
30. Quando o aluno vem sem uniforme, a escola empresta por aquele dia;
31. A direção tem pulso e toma as medidas necessárias;
32. A direção apoia os professores em suas decisões;
33. A direção recebe diariamente os alunos nos portões desde as 6h30;
34. A direção valoriza os números e as ciências exatas;
35. A direção e o corpo docente oferecem *resistência* a "ordens de cima" quando estas são destrutivas.

Professora Ratier, 1ª em pé, com alunos e colegas em Petrópolis

Ataque

Depois daquele prêmio do governo estadual, a confiança

Cacildo Marques

ganha por professores e alunos alimentou o brio de toda a turma por anos, até que uma trama das forças do atraso veio estragar tudo.

Pais de dois alunos nada estudiosos foram à Diretoria Regional de Ensino, na Estação Vila Madalena do Metrô, fazer uma denúncia contra nós. Segundo eles, havia falcatrua na escola, a partir da gestão da Associação de Pais e Mestres (APM). Quando os dois me apresentaram a queixa, dizendo que estavam dispostos a levar o caso a instâncias superiores, eu disse a eles que, se soubessem de irregularidades na APM, teriam de fazer denúncia no 34º Distrito Policial, na Avenida Francisco Morato, não na burocracia da Secretaria da Educação, que tratava teoricamente de questões de ensino, não de problemas de desvio em entidades de direito privado. Concordaram comigo e, inclusive, assinaram uma ata de reunião, em que chegamos a essa conclusão. Não chegaram a ir à polícia. Foram à Diretoria de Ensino, porque o que eles queriam era derrubar a escola.

Em poucos dias iniciou-se o Processo Disciplinar Administrativo sobre a equipe escolar. A diretora, o colega de Matemática Professor Suzuki, eu e mais oito servidores da unidade fomos indiciados, por furto e roubo. Nós onze respondemos na procuradoria durante quatro anos e meio, até chegarmos à absolvição total. A acusação sobre mim, delirante, como todas as outras, era de que eu vendia os uniformes da escola e embolsava o dinheiro. Ora, havia uma funcionária responsável por esse trabalho de vendas, respondendo ao presidente da APM e à diretora da escola, e eu não sabia, porque não me interessava saber, o preço das peças desse uniforme naquela fase.

No depoimento que prestei durante o processo, a procuradora me perguntou o motivo de estar a escola passando por tudo aquilo. Para responder, abri uma pasta que levei repleta de recortes de artigos da grande imprensa, tratando do alto desempenho do colégio. Mostrando as matérias, eu disse: "O motivo é este. A escola se sobressaiu muito e há muita gente que não aceita que uma escola pública alcance uma posição assim".

Naquele momento percebi que a procuradora entendeu toda a trama. Ela precisava de uma peça para completar o quebra-cabeça, e ali estava ela, em minha pasta.

Com a intervenção sobre a escola, e muito antes do desfecho final do processo no Departamento de Recursos Humanos, dispersamo-nos. Eu fui para outra escola, a E. E. Dona Ana Rosa de Araújo, a diretora foi para a Diretoria Regional de Ensino do bairro da Capela do Socorro, outros colegas foram para outras unidades. Praticamente tudo o que distinguia o colégio frente aos outros foi desmontado. A prova unificada bimestral foi extinta; o boletim com notas impressas no computador da secretaria da escola foi abandonado; a fanfarra, que desfilava no Parque Anhembi nas comemorações de Sete de Setembro diante do governador e outras autoridades, desapareceu por falta de manutenção. Saindo a diretora, responsabilizei-me por levar a fanfarra naquele Dia da Pátria e então descobri que a maior parte do dinheiro necessário para manter aquele trabalho era tirado do bolso dela, da diretora. A nova diretora disse que a APM não soltaria verba e que eu procurasse doações na praça. Fui à cata e consegui cheques que cobriram apenas um quarto do gasto, e isso porque eu tinha pedido aos alunos membros que refizessem o orçamento da forma mais modesta possível, e eles conseguiram reduzir o custo pela metade. Cobrindo os custos que faltavam, fui ao Anhembi com os alunos e desfilamos logo após o Exército e a Polícia Militar, mas alertei os alunos que eu estava saindo da escola e que aquela seria certamente a última vez que a fanfarra desfilaria frente às autoridades. Sim, fiquei na unidade escolar até dezembro, para dirigir o conselho final e fechar o ano letivo com os colegas professores.

Fanfarra Andronico desfila no Parque Anhembi (7/09/2003)

Virada

Naquela fase de dispersão, eu disse à diretora que a escola estava em primeiro lugar porque ela resistiu à política de derrubada do aprendizado e que, desmontada agora, não seria mais possível pegar uma unidade escolar e dar-lhe, individualmente, um bom nível de ensino. A elevação do nível escolar teria de ser feita na rede. A rede de ensino é que teria de melhorar como um todo, não igualando todas as escolas pelo alto, porque isso é fantasia insensata, mas propiciando qualidade de educação no modelo, para que as unidades com mais empenho pudessem crescer e que nenhuma escola fosse abandonada, como quando a maioria, no Ensino Fundamental, promovia por sucessivos anos alunos mantidos na condição de analfabetismo.

O Dr. Pinotti estava iniciando sua obra de resgate no sistema de alfabetização, o que fez com grande sucesso. Ele ficou muito conhecido como o fundador do Hospital da Mulher, o Pérola Byington, mas não foi só na saúde que ele deixou sua marca positiva. Precisa ser lembrado sempre pelos professores. Quando ele trocou o PSB pelo DEM e foi candidato a deputado federal, eu disse a ele: Estou sendo obrigado a votar num candidato do DEM, e não mais do PSB. E diferentemente da eleição anterior, pelo novo partido ele se elegeu. Mas não nos ocupemos com as opções partidárias que os políticos fazem no Brasil, porque, por enquanto, isso é mais volátil que nuvem de gelo seco.

Tempos depois, a Professora Maria Helena Guimarães de Castro tomou posse como Secretária Estadual da Educação, prometendo fazer muitas mudanças. Os colegas de sindicatos diziam que em Brasília ela se indispôs com os movimentos sindicais de lá. Mas eu vi que muitas das propostas que ela pretendia implementar eram positivas. E decidi contribuir com ela, com o pragmatismo de bacharel em Administração. Só como um exemplo, surgiu a ideia de que viria uma tal "Escola de Professores", que daria cursos de um semestre aos professores concursados, antes que esses entrassem em sala de aula. Trocando mensagens com ela, mostrei minha discordância. A ideia é estapafúrdia, e ela a descartou, de fato. Só depois que ela saiu da Secretaria retomaram o monstrengo. Se um professor de

Português, como eu disse a ela, passou por primário, ginasial, colegial e graduação sem ter aprendido a manipular uma crase, não será nesses meses da Escola de Professores que ele aprenderá. E imaginemos um professor de Matemática que não sabe resolver equação de segundo grau. Só um lunático acha que o curso da Secretaria da Educação vai sanar o problema, que, na realidade, é um sintoma. O exame do concurso de professores é que precisa ter seriedade. Aplicar um exame sobre dez mil professores candidatos, selecionar pela prova os oitocentos melhores e gastar depois com curso de preparação antes de mandá-los para a sala de aula, isso é fruto da cultura de desperdício e da crença em milagres inusitados. Aliás, o problema do ensino não é o currículo, sem com isso dizer que o currículo que tínhamos até 2016 era o *nec plus ultra*, tampouco é o preparo do professor que passa em concurso. A não ser que o concurso seja muito deformado - profusão de questões de interpretação de textos, por exemplo, - os classificados são de fato os que têm mais domínio de seus conteúdos. Até a prova do ENEM, que até 2016 não pedia conteúdo de Ensino Médio em Matemática, a não ser por uma pequena pitada, seleciona os que apresentam habilidades nas coisas velhas, mostrando que são capazes de reter conteúdos de quatro ou cinco anos antes, e, portanto, são bons alunos.

Docente da Unicamp, universidade que me expulsou nos anos setenta, a Professora Maria Helena é especializada em avaliação. Era quase tudo de que a Secretaria de Educação precisava. Ela criou o sistema apostilado, pela primeira vez na rede. Lançou o sistema de bônus de final de ano a partir do desempenho das escolas no Saresp, contemplando professores, gestores e funcionários. Naquela fase, as avaliações bimestrais dos alunos deixaram de ser feitas com menções em letras, mas com notas de zero a dez, e os alunos passaram a receber boletins bimestrais, que são postados na internet. Era o que até pouco tempo antes a escola Andronico fazia e foi proibida de continuar fazendo. A escola Andronico vinha adotando também "tarjetas" eletrônicas, com os professores entregando as notas bimestrais em disquetes, ou digitando diretamente no sistema interno da unidade escolar. Isto também a intervenção proibiu, mas a rede estadual veio a adotar no geral, quando decidiu criar o boletim eletrônico bimestral.

O sistema apostilado e o exame para conceder bônus são dois instrumentos quase mágicos. Não se espere um salto na qualidade da educação em um ano ou dois, mas qualquer indivíduo conhecedor do funcionamento do aprendizado sabe que em questão de seis ou sete anos os resultados saltarão aos olhos.

Quando no início de 2016 o curso de Medicina da Unicamp preencheu suas vagas com 88% de alunos de colégios públicos, passei mensagem eletrônica para a Professora Maria Helena, dizendo que aquilo era fruto do trabalho dela na Secretaria da Educação. Ela reconheceu que sim. Foi como se estivéssemos comemorando juntos. As apostilas estaduais, que ela mandou fazer a toque de caixa, não são de ótima qualidade, deve-se reconhecer, mesmo porque não foram melhoradas nesses anos todos, sendo sempre reimpressas, e o sistema de bônus, comprado de empresa de Minas Gerais, tem defeitos risíveis - por exemplo, é premiado o crescimento linear da escola, quando é sabido que a curva de aprendizado nunca é linear, o que obriga a Secretaria da Educação a fazer malabarismos, - mas o que havia antes apontava para o abismo profundo, como bem experimentou a PUC-SP, em sua crise amarga de anos atrás. Falta muito ainda para a rede estadual de ensino de São Paulo apresentar-se como uma boa rede, mas o caminho está aberto e o que temos hoje jamais deveria sofrer interrupções ou ataques.

Na rede municipal de ensino de São Paulo uma grande mudança também foi feita, em 2014, na gestão do Secretário César Callegari, com responsável continuidade por parte de seus sucessores Gabriel Chalita e Nádia Campeão. É esperado que na nova administração, desde janeiro de 2017, não haja retrocesso. Callegari, que antes trabalhou para a Secretaria Estadual da Educação e depois Secretário Municipal de Taboão da Serra, além de passagens pelas secretarias do Mec, aboliu o sistema de menções em letras, adotando o sistema que a rede estadual já havia implantado, de notas numéricas de zero a dez. As avaliações voltaram a ter totalizações bimestrais, com boletins eletrônicos, como na rede estadual - havia anos, a rede municipal de São Paulo fazia avaliações apenas semestrais, quando fazia. Também criou o sistema de triênios, eliminando o modelo em que o aluno era acostumado a brincar no "primário" até a quarta série - hoje quinto ano - quando seria reprovado. As possibilidades de retenção foram ampliadas, a partir do terceiro ano, fim do primeiro triênio, mas as estatísticas de reprovação mostram que não aumentou o índice de reprovação no cômputo geral.

No início do ano de 2007, o então diretor da Fuvest, Professor Roberto de Oliveira Costa, passou-me uma mensagem dizendo: "A escola Andronico está muito bem classificada aqui". Eu respondi que era pelos alunos formados em alguns anos anteriores, porque a estrutura de trabalho da escola estava destruída. De fato, a Fuvest decidiu fazer naquele ano algo que eu vinha pedindo a ela há muito tempo, que era a classificação das escolas de melhor desempenho. Naquele 2007, a escola tinha feito ingressar 20 alunos na Fuvest, formados em vários anos, incluindo alguns que já eram graduados em outras universidades que não a USP. Foi o último suspiro da escola Andronico como maior em alguma coisa. A Fuvest organizou uma homenagem àqueles alunos no auditório do colégio, onde estiveram presentes a Secretária da Educação Professora Maria Helena, a reitora da USP Professora Suely Vilela, o diretor da FFLCH-USP Professor Sedi Hirano e várias outras autoridades. A Professora Maria Helena me dizia que eu poderia reerguer a escola Andronico. Isso não era mais possível, porque a equipe e a estrutura haviam sido desmontadas. A bola agora estava com ela, para levantar a rede estadual.

Secretária Maria Helena (2ª à esquerda) homenageia alunos na escola Andronico

É São Paulo, terra de gente trabalhadora, sem desmerecer a diligência das populações dos outros Estados, que mais tem motivos para defender o resgate do ensino público. Neste Estado, a experiência triste da demagogia destrutiva foi feita. E, neste Estado, as chaves para o conserto abriram as fechaduras para o tempo da promissão.

Ministro

Meu velho amigo e colega de movimento estudantil (ME), Aloizio Mercadante, foi tentado a fazer a flexibilização em sua primeira passagem pelo Mec como ministro.

De nossas discussões e embates em meados dos anos setenta sobre como deveríamos encaminhar o fim do regime militar, guardo desse meu colega sua imagem de pessoa muito inteligente e criativa. Ele não perdia tempo com propostas prosaicas, de tipo feijão-com-arroz. Sempre vinha com ideias que pretendiam nos fazer pensar. Outra característica que ele apresentava era a humildade na hora de reconhecer que o que ele estava propondo não tinha consistência ou merecia reparos. Quando a proposta era boa, aceitávamos de imediato, porque era fundamentada em sentido prático.

O tio dele, Professor Waldyr Oliva, salvou minha pele, quando impediu a OBAN, Operação Bandeirantes, de me levar para o DOI-Codi, o centro de tortura e morte da Rua Tutoia. Um funcionário chamado Douglas veio me contar. Foi incumbido pelo Professor, então diretor de minha faculdade, antes de ser reitor, de preencher o formulário. Nele, os agentes da repressão queriam saber se eu era subversivo e se sobre mim pesava alguma suspeita de agitador esquerdista ou coisa que o valha. Desde que fui expulso da Unicamp, apenas por falar o que o regime não queria ouvir, muito provavelmente meu nome estava em cheque. Dentro da USP, nunca parei de fazer política estudantil, o que tinha muito peso na época, porque não nos dividíamos em partidos. Éramos um grande movimento contra o regime militar. Bastaria o

Professor Waldyr mandar Douglas escrever que eu era agitador e que vivia metido na política estudantil para logo eu ser transformado, talvez, num desaparecido. Segundo Douglas me contou, o que ele datilografou, sob ordens do diretor, foi que eu era bom rapaz, estudioso e bem comportado, nada de negativo pesando sobre mim.

Eu conhecia muito Aloizio também através da prima dele, Laura, filha do Professor Waldyr e que era minha colega de classe nos semestres finais de meu curso. Ela me contava sobre como o pai dele, General Oswaldo Oliva, então presidente da Escola Superior de Guerra, convivia com um filho metido no movimento estudantil, que lutava contra o regime. Segundo Laura, a convivência era boa porque o pai sempre viu no filho um sujeito moderado, mesmo sendo cheio de idealismos.

Essa imagem que foi vendida do ministro como uma pessoa inflexível e ríspida não condiz com a personalidade com que ele se apresentava na juventude. Baseado no conhecimento que eu tinha dele de velhos tempos é que eu escrevi a ele questionando a intenção de alterar o Ensino Médio.

Na proposta que ele apresentou no fim de 2012, haveria quatro matérias obrigatórias, entrando o restante na conta da flexibilização, embora não fosse este o termo usado. Ele não especificou que matérias seriam aquelas, mas deixou antever que eram baseadas nas quatro áreas em que o ENEM está dividido.

Em meu questionamento eu disse que se tivesse de haver mesmo uma redução para quatro matérias elas teriam de ser necessariamente as seguintes:

* Geometria,
* História,
* Física e
* Inglês.

Por leis anteriores, muito difíceis de ser revogadas, Português e Matemática não podem ser retiradas de séries do ensino básico e, mais que isso, outras matérias não podem ultrapassar o número de aulas semanais delas. Então não haveria necessidade de incluí-las no rol das obrigatórias. Mas toda a argumentação era no sentido de mostrar que a proposta da flexibilização não era avançada, muito pelo contrário. Aloizio engavetou o projeto, exumado quatro anos depois com outra cara, mas com o mesmo objetivo de fundo, que era arrancar o chão de sob os pés dos jovens estudantes brasileiros de escola pública.

Para lembrar um detalhe que muito chamou a atenção na flexibilização de agora, quando a Medida Provisória foi enviada à Câmara ela abolia a obrigatoriedade da Educação Física. Ora, fizemos, eu e os colegas professores, algumas pesquisas com os alunos do Ensino Médio para saber que disciplinas eram as preferidas deles. Sempre a que ganhava, de lavada, era Educação Física. Os adolescentes têm um carinho enorme por essa matéria. Aqueles que ficam sempre na arquibancada, olhando os que estão no esporte ou na ginástica, podem dar a impressão de que não apreciam o tema, já que estão na quadra apenas como expectadores. Ledo engano. Eles apreciam a atividade tanto quanto os que estão suando lá embaixo.

Assim, abolir a Educação Física argumentando que queriam com isso evitar que os alunos abandonassem o Ensino Médio era conversa de malucos. O próprio Senador Romário Faria, atleta eleito pouco tempo depois como presidente da Comissão de

Educação da Casa, fez discurso veemente condenando a proposta da retirada da disciplina. O conhecimento de causa dos que plantaram e defenderam o projeto da flexibilização pode ser medido por esse caso. O erro quanto à Educação Física, como em parte foi reconhecido mais à frente, não estava só aí. O grande erro, brutal, vitória para as forças do atraso, estava em dinamitar uma construção única no mundo e que estava aí para salvar a juventude do país. Darcy Ribeiro faleceu em 1997 e não pôde ver o resultado daquelas discussões que ele e tantos outros grandes lutadores travaram durante o século XX. E quantos países não enfrentam problemas sérios por manter a velha concepção de "opção" no currículo básico? No final do século XX os alunos do curso de Economia da Sorbone, Paris, fizeram greve de meio ano com um único objetivo: abolir as disciplinas matemáticas do curso. No fim do semestre de paralisação, o diretor acertou com os alunos que retiraria metade daquelas matérias, já que no mundo contemporâneo não faz sentido ter um curso de Economia sem Matemática. Os alunos retornaram às aulas, sem saber que o problema não era o currículo de Economia, mas do colegial que cursaram antes.

A França, por falar nisso, está livre, desde dezembro de 2009, do destino traiçoeiro da demagogia ruinosa, e está livre por conta da instituição da presidência da União Europeia, construída em bases democráticas federativas e que se sobrepõe aos modos regionais de escolha de lideranças. Sim, pois em 1958 Paris havia caído vítima, mais uma vez, da sanha destrutiva das forças do atraso, que usam a grande imprensa como porta-voz. E essa imprensa, em nosso caso, não fez jornalismo, mas ativismo do lamaçal das trevas, quando (a) organizou os dois golpes de abril de 1964 (para arrepender-se depois); (b) fez campanha fanática pela implantação do presidencialismo romântico luís-bonapartista, bufonaria que castigou a França - de dezembro de 1848, com a eleição do sobrinho de Napoleão, até o golpe dado pelo próprio presidente da República, em dezembro de 1851, instituindo a monarquia constitucional, que durou até a Guerra Franco-Prussiana de 1871, - e castiga o México de 1857 até os dias de hoje, empobrecendo-o sempre; e (c) impôs às autoridades executivas e legislativas o projeto de flexibilização do currículo dos adolescentes. Deve-se registrar que o Procurador Geral da República Rodrigo Janot entrou com representação no Supremo Tribunal Federal (STF) contra a Medida Provisória, mas o Tribunal não se pronunciou e é quase certo que jamais se voltará contra essa peça retrógrada.

Como é sabido, diferentemente do que ocorreu na gestão anterior, meu amigo Aloizio foi crescendo em consideração dentro do governo Dilma Rousseff, e do Mec subiu para o cargo de ministro-chefe da Casa Civil, o cargo que era de Darcy Ribeiro em março de 1964. Naquela altura, para obter maior trânsito na solução da crise econômica que se arrastava desde 2013, Dilma Rousseff convocou o Vice-Presidente Michel Temer para ocupar a função de articulador político do governo. Esse arranjo, com Temer na Política e Aloizio na Administração, dupla de velhos colegas de docência da PUC-SP, mais a competência do engenheiro Joaquim Levy no Ministério da Fazenda, era a disposição mais inteligente possível para que o governo chegasse às eleições presidenciais de 2018 sem muitos tropeços. Como aquilo estava dando sinais de que daria certo, não demorou para surgirem as campanhas em sentido contrário. As coisas se desmancharam como castelo de areia sob as ondas. O Ministro Levy pediu exoneração, depois de ter sido desautorizado numa previsão (um pouco menos mentirosa) de superavit. O articulador político Michel Temer foi acusado de alimentar pretensões arrivistas. Forte pressão veio na mesma fase por parte dos dois homens mais poderosos do partido da Presidente Dilma Rousseff: Aloizio teria de ser defenestrado da Casa Civil, porque era uma pessoa inflexível e estava atrapalhando o desempenho do governo. A voz mais estridente era a de uma figura que Aloizio trouxe para a política, pouco tempo depois de ter sido escolhido no movimento estudantil para nos representar no Parlamento, junto com mais dois nomes de nossa confiança, que eram Eduardo Suplicy, lançado como Aloizio a deputado federal, e Geraldo Siqueira, este lançado a deputado estadual. O grupo de apoiadores contava com Vera Facciola Paiva, Ana Lúcia Paiva, Vinicius Signorelli, Flávio Diegues, Carmen Pimentel Cintra do Prado, Augusto Daminelli, Luiz Gabriel, Marcos Nascimento Magalhães, Angela Lovizio, Roberto Haiek Araújo, Beatriz Pardi, Maria Clara Di Pierro, Helena Abramo, José Eduardo Vieira Raduan (*in memoriam*), Celso Brambilla, Adriano Diogo e muitos outros colegas que arriscaram a vida no regime militar até chegarmos à abertura política. Trabalhamos por aqueles candidatos, votamos e elegemos os três. Essa pessoa que Aloizio criou na política partidária deixou-o na geladeira de 2003 a 2010, durante seu mandato de senador. A Presidente Dilma Rousseff, ao contrário, não só o convidou logo para um ministério, o da Ciência e Tecnologia, como passou a tê-lo como conselheiro e confidente. Os ciúmes políticos despertados causaram estragos que abalaram o planeta, pois Aloizio foi, de fato, retirado da Casa Civil, embora, pelo respeito que a presidente tinha por ele, tenha sido devolvido à chefia do Mec, não à rua da amargura, pelo menos por uns poucos meses, porque as formações tentadas no governo daí em diante apenas acirraram os ânimos e apressaram os passos da deposição presidencial.

Cacildo Marques

Desmitificando

Preciso tentar desmontar aqui dois mitos que são usados contra o currículo de base científica, e que foram e são usados para fazer o trabalho do sistema escolar sempre voltar à estaca zero. Os dois mitos são, primeiro, que a valorização das ciências na educação é coisa do positivismo comtista e, segundo, que as ciências são difíceis para a maioria e não são assuntos para todos.

São duas bobagens monumentais.

O primeiro mito chega a denunciar incompatibilidade grave com o conhecimento da história. A proposta de centrar a gestão da sociedade, desde a educação, nos conhecimentos científicos é de Francis Bacon, com base em ideias do Doutor Mirabilis, Roger Bacon (não é parente de Francis!), de quatro séculos antes, e também de Platão. O propósito foi reforçado depois por Descartes, como se sabe. Quando alguém é acusado de ser positivista, por valorizar a Matemática e o método científico, está sendo chamado, sem que o autor da pecha o saiba, de cartesiano. Há até um livro - de um membro daquela juventude de Frankfurt que o líder da Revolução Russa chamou nos anos 1920 de esquerda infantil - todo montado nessa confusão. O livro se apresenta como contrário ao positivismo, mas tudo o que ele faz, do começo ao fim, é identificar positivismo com valorização da Matemática. Panfleto rude. E não é que o positivismo seja todo defeituoso, porque ele tem o lado vantajoso de elevar a ciência como guia importante para a sociedade, vindo lá do aprendizado com o industrialismo de Saint-Simon. E já que essa pregação teve tanta dificuldade de penetrar na América do Sul pelas palavras de Platão e Descartes, ela veio pelos positivistas. Mas antes que alguém comece a imaginar que esse ponto salve o positivismo comtista, é necessário lembrar que essa filosofia caracteriza-se pela rejeição à Democracia, à Psicologia e à Jurisprudência, e também pela criação de uma religião ateia, que venera como divindade o ente não muito abstrato entendido como a humanidade, ou a espécie humana. Mas foi por abraçar a ciência como guia que o positivismo veio a usufruir certo prestígio no fim do século XIX, o que se reflete no livro "O Positivismo", de Stuart Mill. Nesta obra, Mill discorda do lema "ordem e progresso" porque, argumenta, as duas coisas não caminham no mesmo sentido.

Se alguém acha que Benjamin Constant Botelho de Magalhães e o Marechal Cândido Rondon só tinham por inspiração o filósofo Augusto Comte, deve fazer um esforço para admitir que essa foi a maneira de Platão chegar até eles em sua perspectiva mais nobre. Esse currículo que Magalhães desenhou para o Colégio Pedro II e que, depois de finalmente estendido a todo o país no século XXI, a medida da flexibilização destroçou, seria certamente o currículo proposto por Platão e por Descartes se eles estivessem vivos hoje e morando no Brasil.

Sobre o segundo mito, começo com uma pequena história. A ex-deputada Esther Pillar Grossi me contou que quando iniciou seu trabalho de educação na periferia de Porto Alegre tomou um grande susto. Foi ela munida da informação mais disseminada Brasil afora de que a dificuldade de aprendizado das crianças é na área da Matemática, não da Gramática. Ela constatou, já nas primeiras semanas de atuação, que a Matemática era assimilada e aprendida sem dificuldade e que a língua, o entendimento do que estava escrito, isso é o que representava a trava maior para o aprendizado.

Então por que a nota que o aluno tira em Português é, quase sempre, maior que aquela que ele obtém em Matemática? O motivo não é, e nunca foi, pelo fato de ele saber mais Português que Matemática, mas pelo fato de que a correção da prova de Português sempre foi mais subjetiva. Se o professor de Português tiver o mesmo rigor que o de Matemática na elaboração e na correção das provas, será uma grande surpresa se a nota de Português superar a de Matemática. Significará que os adolescentes repentinamente passaram a dominar colocação de vírgula, concordância verbal, regência pronominal, conjugação da segunda pessoa do plural no futuro do subjuntivo, orações subordinadas e uniformidade de tratamento, muito mais do que sabem resolver inequações do primeiro grau e problemas com regra de três. O fenômeno se estende às demais disciplinas científicas e de humanidades. Física, Química e Biologia são muito mais acessíveis aos alunos em geral que História, Filosofia e Geografia. Sociologia, se for levada a sério, só pode ser tratada a partir dos anos finais da faculdade. Um jovem colegial pode decorar conceitos de Durkheim, Max Weber, Wright Mills, Vilfredo Pareto e Pierre Bourdieu, mas não tem como dissertar sobre os temas desenvolvidos por esses autores.

É difícil aprender o significado de meiose e mitose? Sim, é o que dizia um certo professor demagogo que vivia de desacatar as ciências. Não é nada disso. São fenômenos naturais, que podem interessar a um lavrador ou a um pescador, ao contrário do estudo das "estruturas elementares do parentesco", de Levy-Strauss, dos "cortes epistemológicos", de Louis Althusser, ou da "razão instrumental" contraposta à "teoria da ação comunicativa", de Jürgen Habermas.

Platão diz que Sócrates foi surpreendido explicando o Teorema de Pitágoras a uma roda de escravos, fazendo-se entender. As forças do atraso, por essas e outras atitudes do ateniense, levaram-no à condenação à morte. Essas mesmas forças estão hoje por aí atacando quem quer que tente levar Geometria Analítica e Estequiometria aos filhos dos trabalhadores humildes. Sabem que esses alunos dominarão esses conteúdos e decidem então que o melhor a fazer, na visão desses Meletos, poetas da mesmice troglodita, é impedir que os jovens tenham acesso a esses conhecimentos.

Quando o Imperador Mutsuhito decidiu em 1869 estender a educação a todos os japoneses, levou em conta que o que garantiria essa missão seria o projeto de centrar o ensino em muita leitura e muita ciência. A Matemática, escreveu muito depois o Professor Toru Kumon, é acessível a todos, bastando dispor de lápis, papel e persistência.

Euclides de Alexandria, chamado a palácio, foi recebido por Ptolomeu IV, que queria saber se, por acaso, o professor não teria um método fácil para o aprendizado da Geometria, algo especial para o imperador, sem os esforços que ele via os alunos fazendo. Euclides respondeu: "Majestade, em Geometria não existe o caminho do imperador". Não há mesmo uma senda facilitada para o monarca, porque a persistência é demandada. Alguns séculos antes, Felipe II da Macedônia foi mais previdente. Tendo contratado o patrício Aristóteles para instruir seu filho pequeno Alexandre, viu que o mais famoso filósofo do país não apreciava as áreas de Aritmética e Geometria. Então contratou, ao lado de Aristóteles, um segundo preceptor, também aluno de Platão, mas um geômetra de mão cheia: Menaecmus.

A Matemática, como dizia o Professor Jaime Escalante, equaliza. Ela iguala trabalhadores humildes e imperadores. Se no

Palácio de Buckingham a família Windsor tem um sotaque especial e único para falar a língua coloquial, na hora de aprender o Teorema de Tales os netos e bisnetos de Elizabeth II falam a mesma língua dos filhos do tratador de cavalos da Polícia de Port-of-Spain, em Trinidad-Tobago, Caribe.

O Professor Jaime Escalante, aliás, sofreu muito por ter consciência daquela verdade. Migrou de La Paz para Los Angeles no início dos anos 1980 em busca de tratamento para um câncer que o atingiu. Lá, sentiu falta da sala de aula e fez um curso rápido de adaptação de seu currículo para habilitar-se ao magistério ianque, deixando um rentável trabalho que desenvolvia numa empresa de computação. Foi lotado numa escola da periferia da cidade com a informação de que aqueles alunos, filhos de imigrantes hispano-americanos, não buscavam nenhuma perspectiva de vida, a não ser a de possuir um diploma, que não os levaria a lugar nenhum. Ele soube que havia uma prova chamada Exame Nacional de Cálculos, para formandos do colegial, e que os candidatos que se saíam bem nesse certame garantiam vagas em boas universidades. Em sua primeira turma de terceiro colegial ele decidiu ensinar limites e derivadas, visando a preparar seus alunos para a aprovação naquele exame. Os gestores da escola zombaram dele quando souberam do propósito, mas depois tiveram de dobrar a própria língua. Ele dizia aos alunos que eles tinham Matemática no sangue, porque seus ascendentes, os maias, eram grandes matemáticos em seu tempo. Repetia sempre: *Hay que tener ganas!*

Fazendo revisões nos sábados e domingos, viu que todos os alunos de sua primeira turma de formandos conseguiram boas classificações no exame, atingindo pelo menos a nota mínima exigida e abocanhando vagas importantes nas universidades. Nos anos seguintes, animados pelo desempenho da primeira turma de alunos do Professor Escalante, mais e mais alunos obtinham sucesso naquele exame e assustavam seus concorrentes de escolas privadas caríssimas. A história do professor ganhou mundo porque veio a se tornar caso policial. Sem saber como estancar a trajetória daquele sul-americano que estava tirando vagas dos ricos para nelas encaixar filhos de imigrantes pobres, os inconformados inventaram que o professor estava cometendo fraude. Obviamente, como anos depois ocorreu na escola Andronico, do Butantã, tudo era invencionice, e as investigações isentaram tanto o professor quanto os alunos. Mas ele nessa altura estava desencantado e voltou para a Bolívia. Faleceu em 2010, pouco depois de eu ter percebido que o que aconteceu na escola Andronico era mais um capítulo daquela mesma trama. E demorei para perceber a correspondência porque no caso de Los Angeles tinha-se uma escola pequena e o trabalho de um professor, praticamente contra tudo e contra todos desde o início. No Butantã, a escola Andronico tinha dois mil alunos e esse trabalho de fazer a escola chegar ao primeiro lugar, atestado por indicadores diversos, dependeu de uma equipe forte e unida de gestores e docentes. Lá era um homem, aqui éramos um grupo.

Cacildo Marques

Alunas em evento festivo na escola Andronico

Outro fenômeno que demorei muito para perceber foi o motivo da eliminação do ensino de limites e derivadas nos programas do colegial. Nos Estados Unidos, um prêmio Nobel de Física saiu em campanha em todos os Estados do país, convencendo autoridades a tirar do programa aquele conteúdo, sob o argumento de que os professores ensinavam de modo errado. Ora, se ensinavam errado o Cálculo, por que não ensinariam errado também os outros tópicos, principalmente Trigonometria e Logaritmos, que são capítulos muito importantes? A desculpa do Nobel era suspeita. Só depois da morte do Professor Escalante é que eu percebi o que estava por trás dela. Aquela pregação pela eliminação de limites e derivadas no Ensino Médio, seguida também no Brasil, tinha como objetivo impedir que algum outro professor de Matemática pegasse uma escola de periferia e ensinasse muito bem o assunto a seus alunos, subtraindo mais uma vez substanciosas vagas dos alunos da classe média abastada (já a classe alta, esta nunca gostou de estudar). Obviamente, sem o assunto Cálculo no Ensino Médio, o Exame Nacional de Cálculo deixou de existir.

A história do Professor Escalante foi registrada em livro e, mais à frente, retratada em Hollywood, de forma romanceada, no longa-metragem "O Preço do Desafio" (*Stand and Deliver* em inglês e *Con Ganas de Triunfar*, em espanhol), estrelado por Edward James Olmos, o guardinha que prende Harrison Ford nas cenas iniciais do *Blade Runner*. No dia da morte de Escalante, em La Paz, Olmos estava no hospital, amparando e consolando o amigo.

Conservadorismo

O exemplo mais extremo de flexibilização é a escola Summerhill, no interior da Inglaterra. A escola foi fundada em 1927, por Alexander Sutherland Neill (A. S. Neill), e em 1999 divulgou-se que ela estava sendo fechada, mas teve sobrevida e continua encontrando pais que paguem suas mensalidades. Lá os alunos assistem às aulas quando querem. Não há provas nem notas. Todas as regras da escola são votadas nas assembleias de alunos. Não há punição de nenhum tipo. Não há ensino de História da Religião. Crianças e adultos são tratados como iguais. A crença central, base do romantismo político geral, é a da bondade natural do homem.

Como uma escola desse tipo pode durar tanto? Simples. A pregação interna é de que os alunos que se formam lá, no colegial, não devem cursar faculdade, porque seu ensino é suficiente. Eles levam a sério a recomendação e um ou outro decide fazer algum curso universitário, em geral de História, porque os que escolhem essa área são grandes leitores, que não dependem de um treinamento prévio em Física e Química. Se os formandos de lá fossem levados, como nos outros colégios, a tentar exames para a universidade, logo o trabalho seria desmascarado. Sem tentar faculdade, eles passam o resto da vida imaginando que tiveram um bom ensino.

Assim é com os alunos que se formam aqui em escolas frouxas. Não se arriscam a um exame para universidades estaduais ou para uma PUC, FGV, Mackenzie ou FEI. Para as federais, até que eles arriscam, já que prestam o ENEM e, a depender do curso, podem até ingressar, e ficar sofrendo durante o curso, se é que não desistem logo. O que devemos buscar é que em todas as regiões do país os alunos possam cursar um Ensino Médio com os conteúdos adequados, universais, inclusive limites e derivadas, como no Japão.

Não se espere que o aluno venha a aprender ciências na base do "laissez-faire", assim como não aprenderá Gramática ou Teoria Musical. Os mecanismos que inventamos nesses 27 séculos de escola regular para fazer a garotada aprender não são nenhum *tripalium*, nenhum cilício. É claro que até os anos 1960 havia palmatória, castigo de ajoelhar no milho e outras maldades, todas aplicadas com a melhor das intenções. Muito antes a humanidade já havia descoberto que para o homem trabalhar ele não precisa ser escravo, com um feitor ao lado armado de chicote. Basta que o trabalhador tenha um salário e, é claro, seja punido pecuniariamente se não cumprir as obrigações. Demorou muito mais tempo para se admitir que as crianças na escola tampouco precisavam apanhar para aprender. Notas, prêmios, advertências, suspensões, disputas saudáveis e muitos outros métodos duros, mas nunca cruéis, são suficientes para fazer crianças e jovens aprenderem tudo o que é lícito. Maria Montessori descobriu que, garantidos a disciplina e o respeito, basta o material e o plano de aprendizado para que a criança avance nos estudos, qualquer criança. Ela não reservou um lugar para o professor no sistema dela, por isso o método montessoriano foi desvirtuado. Mas as descobertas dela são significativas, as mais revolucionárias do século XX nesse campo, e nenhum sistema sério de educação pode ignorá-las.

Os conservadores não aceitam ideias tão revolucionárias, como as de Maria Montessori. Não aceitam também as da escola Summerhill, mas por outros motivos. O romantismo político, afinal, é apenas uma maneira sofisticada de se praticar conservadorismo, coisa de que muitos conservadores tradicionais não se dão conta.

"Se conservar as boas instituições é ser conservador", escutei da boca de Enéas Carneiro num encontro na FEA-USP, "então eu sou conservador". Esta é uma boa desculpa. Uma pessoa que preserva as instituições sadias, assim como os conservacionistas do meio ambiente, é uma pessoa sensata, respeitadora da lei, do bem-estar e da vida. Um conservador é outra coisa, é alguém que luta para preservar instituições obsoletas ou que mantenham um mundo de privilégios injustificados, mas tradicionais: pena de morte, prisão perpétua, persistência do analfabetismo entre os pobres, esmola, monarquia, serviços públicos em mãos privadas como na Idade Média, eleição majoritária e voto distrital. Sempre que alguém diz que conservador é quem conserva as boas instituições, esse é um conservador verdadeiro, alguém que acha que boas instituições são as modas da Antiguidade, alguém que é membro ativo das forças do atraso. Somos democráticos, e os que nos atravancam o caminho são os conservadores, que estão do lado direito e acham um grande acerto o velho Ensino Médio flexibilizado dos Estados Unidos, e os românticos, do lado esquerdo, que acham maravilhoso o colégio totalmente flexibilizado e com todas as regras votadas pelas crianças no interior da Inglaterra, porque, se o homem nasce bom, não é necessário esperar a idade adulta para que ele tenha as mesmas responsabilidades dos mais velhos.

Não se trata de praticar maniqueísmos, achando que um lado do mundo porta o estandarte do bem e o outro carrega as insígnias do mal. Quando o elefante passa, sob seus pés são esmagados muitos bichos pequenos, como minhocas, formigas e aranhas. O elefante não foi treinado para evitar essas matanças. Da mesma forma as forças do atraso olham para o horizonte e seguem pisoteando e destruindo o que se encontra em seu caminho, porque elas imaginam que estão buscando o melhor para si. As vidas que sucumbiram debaixo de seus pés não são nenhuma causa de preocupação. É possível que um dia essas forças deixem de causar esses estragos? Certamente. Aos poucos, elas vão sendo contidas. A seleção natural privilegia animais de grande porte, que crescem cada vez mais. Centenas de milhões de anos atrás eles tanto cresceram que um dia sucumbiram numa hecatombe. Eram os dinossauros. Depois o ciclo recomeçou. Como não é mais a seleção natural que regula o desenrolar da vida na Terra, a não ser em áreas selvagens inacessíveis, não precisaremos esperar que certas espécies cresçam de forma descomunal para então perderem seu lugar no mundo. A seleção artificial pode vencer as forças do atraso, e assim vem ocorrendo desde que a humanidade inventou as primeiras instituições de combate à seleção natural, como a linguagem, a justiça, a arma, a religião, a cidade, a república e a escola.

Dos animais de grande porte foram mantidas aquelas espécies que não são predadoras diretas dos humanóides, e hoje lutamos para preservá-los. São os elefantes e as baleias. Com nossas armas e nosso poder de articulação tribal, deixamos para trás as ameaças mais perigosas. Aos poucos fomos alcançando a condição de governantes do planeta. Se o leitor aceita com tranquilidade esses avanços, e admite que poderemos avançar mais, então está longe de ser um conservador. Pois este enxerga com má vontade os mecanismos que desenvolvemos para nossa segurança coletiva, já que não admite o progresso humano, a não ser na forma de desenvolvimento individual. Um conservador acha uma grande bobagem discutir formas de melhorias para a humanidade. Mesmo a ONU, que eliminou as guerras europeias desde 1945, à exceção de algumas guerrilhas espanholas e irlandesas, já superadas, e do conflito dos Bálcãs nos anos 1990, e que em 2017 deu por encerrado o ciclo de guerras nas Américas, com o Acordo de Paz da Colômbia, mesmo a ONU tem sido vista pelos conservadores como uma instituição criada para gerar despesas evitáveis e convocar discussões inúteis.

Um conservador tem muita dificuldade de assimilar o papel das condições objetivas. Imagina ele que os que lutam pelo progresso humano fazem isso enxergando apenas a força das intenções e vontades. Se fosse assim, ele estaria correto. Mas essas intenções e vontades, tão desprezadas pelo conservador, são o instrumento para a criação de novas condições objetivas. Assim, não teria adiantado nada reunir os diplomatas em 1945 e ficar discutindo o fim das guerras, como ficou provado na fracassada Liga das Nações, do Tratado de Versalhes, assinado em 1919. O que ajudou, de fato, após a II Guerra Mundial, foi a criação da ONU, o órgão mundial de controle, reunindo a quase totalidade dos países e contando com um Conselho de Segurança, um

Exército de Paz, um Banco Mundial, uma pasta de incentivo à ciência e à cultura, uma pasta de saúde, etc.

Nossas intenções e vontades no século XX levaram-nos a construir um currículo de Ensino Médio que, por sua base científica, garantisse o "empowerment" da juventude brasileira, não apenas de uma ínfima fração dela.

Turnos

O caso da retirada da Educação Física, contrariando o desejo dos jovens, foi um exemplo de como as pessoas que criaram a flexibilização estavam distantes do mundo da educação básica. Mas há vários outros itens mostrando que a ausência de conhecimento de causa era gritante.

É claro. Os escravos do materialismo vulgar de La Rochefoucault fogem do trabalho relacionado à educação de crianças e jovens como os vampiros fogem da réstia de alho. As circunstâncias e o sentimento da necessidade de contribuir com a juventude do país me levaram ao campo da educação. Quando terminei o curso de Administração na USP decidi participar da formatura solene, mesmo não tendo meus pais - e a formatura é um ato de retribuição aos genitores, mais que de festa e despedida da turma para os próprios formandos. Quando anos antes completei o curso de Matemática faltei à solenidade de formatura exatamente porque como órfão eu estaria em condição muito diferente daquela de meus colegas, que se apresentariam no palco recebendo o canudo para dar justo orgulho a seus pais. Já na FEA, decidi pagar desde o primeiro mês do último ano a mensalidade que a comissão de formatura estipulou, e que era em torno de 500 US dólares. Perto do dia do evento, fiquei sabendo que haveria duas sessões no Clube Pinheiros, o local de nossa festa. Uma pela manhã, que seria a colação de grau, com os discursos de oradores da turma e de paraninfos, juntando os formandos de Administração, Economia e Contabilidade, e outra sessão a partir das 22h, que seria o baile de gala. Decidi então que não compareceria, em nenhum dos dois horários, mesmo tendo pago à comissão todas as mensalidades. Os colegas vieram me convencer, repetidamente, a estar presente à festa. Ante tanta insistência, vi que haveria algo diferente, que a comissão certamente preparou. A visita de alguém muito importante? Uma oferta de trabalho irrecusável para algumas figuras, incluindo minha pessoa? Não sabia. Finalmente garanti aos colegas que iria.

Participei apenas da colação de grau, porque o motivo da insistência revelou-se lá. Nossos paraninfos foram Guilherme Leal (Natura), Eduardo Giannetti da Fonseca e Rubens Famá. Depois da fala deles e dos discursos dos oradores das turmas, veio o momento das homenagens. Haveria um professor homenageado e também um colega da turma.

Ora, iniciamos o curso com quase todos os colegas desempregados, ainda distantes do mercado de trabalho. Naquele último ano, a quase totalidade estava já ocupando postos importantes nas empresas de São Paulo, vários com ótimos salários. Após fazermos a homenagem ao professor escolhido, veio a vez do aluno da turma. A surpresa foi para mim. Embora em todos aqueles anos eu tivesse sido representante da turma nos órgãos da faculdade, mesmo contra a vontade, porque sou contra reeleições sucessivas, achei que o destaque que me cabia seria aquele que já havia ocorrido antes, que foi o papel de jurador oficial na cerimônia realizada dias antes no auditório FEA-5, da própria faculdade. E eu não era inexperiente naquilo, porque de minha turma de Matemática, anos antes, também fui o escolhido para jurador oficial, na sala da Congregação. Não era só isso. Os colegas me haviam escolhido como o aluno homenageado daquele ano. A justificativa: dedica a vida ao ensino básico, ao preparo dos jovens do Ensino Médio, mesmo estando recebendo hoje um diploma que habilita e dá direito a ganhar salário muitas vezes maior no mercado.

É necessário que as pessoas que veem o mundo do ensino como coisa distante fiquem sabendo. Como coordenador de escola numa fase em que o nível do ensino estava praticamente no fundo do poço, em encontros grandes com colegas em cidades do interior, chamados "circuitos-gestão", alguns com mais de dois mil participantes, como foi um que ocorreu em Águas de Lindoia, tive oportunidade de constatar o alto nível de preparação dos colegas. Se o ensino descia pelas paredes do abismo, a razão era a sabotagem das forças do atraso, não a falta de formação de docentes e gestores, como os verdadeiros responsáveis pelo descalabro alardeavam. Toda vez que uma autoridade disser que o problema do baixo nível do ensino deve-se à falta de preparo dos quadros lotados nas escolas, essa autoridade é um membro ativo das forças do atraso ou é um "maria vai com as outras". Aliás, não é defeito incorrigível estar nesta última condição, porque tenho visto pessoas de boa índole cometendo, ou levando outros a cometer, erros gravíssimos. Em todas as nossas funções sociais, até como profissionais liberais, somos uma espécie de soldados, e fazemos coisas erradas, muitas vezes sem perceber e sem ter a menor consciência das consequências de nossos atos. No famoso Dia D, em 6 de junho de 1944, os soldados aliados que desembarcaram na Normandia foram jogados às feras, com muitas centenas de milhares de soldados mortos. Informações vazaram e quase todo o meticuloso plano de ataque veio por água abaixo, literalmente. Como culpar os comandantes por manter a estratégia, mesmo depois de constatado o fiasco? Lutando contra pessoas fanatizadas, os aliados precisaram de mais dez meses para chegar à vitória. Somos muitas vezes usados, e até lançados à morte, na perspectiva de um bem maior, dentro da velha tática de dar um passo atrás para depois dar dois passos à frente. E se os nazistas tivessem vencido, todos aqueles milhões de vidas perdidas, entre os próprios nazistas, teriam sido usados em benefício da construção de um regime opressor, de uma humanidade tutelada e teleguiada. Certamente aquilo não duraria muitas décadas, porque viriam outros coronéis Stauffenberg (Operação Valquíria - 20 de julho de 1944) e um deles seria bem sucedido um dia. Mas até ali, muitos teriam morrido em nome de uma grande desgraça.

Os quadros do ensino público em São Paulo são, sim, bem preparados. Organizando-se as redes de ensino de modo adequado, com condições físicas e emocionais satisfatórias, não há como evitar um surto de bom aprendizado de modo generalizado. O único modo possível de se conseguir um mau ensino é através da sabotagem, começando pela lei enganosa, mas passando também por atuações desonestas de autoridades até mesmo através de telefonemas irresponsáveis: "São ordens de cima!"

O mote da questão do conhecimento de causa é outro dispositivo embutido na Medida Provisória da flexibilização. Este prevê que paulatinamente o horário diário de aulas do Ensino Médio estenda-se a um turno de sete horas. Ora, em que país vivemos mesmo? E se fôssemos um país socialmente rico, como a Dinamarca, seria recomendável trancar os jovens no prédio da escola o dia inteiro durante duzentos dias letivos anuais? É questionável, mas é "consenso" nos meios extra-escolares que isso é algo saudável. Para mim, desde que em meu curso de Matemática na faculdade eu tive várias conversas com uma colega norueguesa sobre a questão, trancar o adolescente o dia inteiro na escola para ter o mesmo tipo de aula, manhã e tarde, não apenas torna-o arredio ao aprendizado como prejudica a abertura para a criatividade. Por isso desde o fim do século passado venho batendo nessa tecla onde quer que tenha contacto com quem pode decidir sobre a organização escolar: em escola de tempo integral, um turno deve ser de aula regular, o outro, de atividades, longe do docente-padrão. Qualquer coisa fora disso é tentativa de uniformidade, e, como disse Jules-Henri Poincaré em seu livro *Dernières Pensées*, "l'uniformité c'est la mort" (a uniformidade é a morte). É claro que a sentença não se aplica à unificação do currículo, porque os professores têm liberdade de cátedra e as escolas adaptam o trabalho às condições que têm. Não há nenhum problema, por exemplo, em alfabetizar na mesma língua, a portuguesa, todas as crianças brasileiras, do Monte Caburaí ao Arroio Chuí.

Coordenando a escola Andronico percebi o seguinte. Se mantivéssemos nos três turnos, manhã, tarde e noite, as três séries do Ensino Médio, o período vespertino ficaria muito prejudicado, com salas ociosas e, portanto, com deficit de aulas para os colegas professores. Anos antes de eu me remover para aquela unidade, a solução, muito inteligente, por parte dos colegas, foi criar o curso de Magistério, no turno da tarde. Isso fez com que por vários anos as dezessete salas de aulas fossem preenchidas também naquele horário. Em certa altura, e antes de ser eliminada essa modalidade de ensino, o Governador Quercia decidiu que todos os cursos de Magistério no nível de Ensino Médio seriam concentrados nos prédios dos chamados CEFAMs (Centros de Formação e

Aperfeiçoamento do Magistério). Em meados dos anos 1990 as turmas da escola Andronico foram transferidas para o CEFAM da região do Butantã, na Vila Indiana. Novamente voltamos ao velho problema das salas vazias no turno vespertino. Uns anos depois encontrei a solução pós-Magistério. Não teríamos mais turmas de segundo e terceiro anos no vespertino, ficando só os primeiros anos. O raciocínio foi que o turno da tarde ficava vazio porque nossos alunos, que não trabalhavam aos quinze anos, durante o primeiro ano, entravam no mercado de trabalho a partir do segundo ano e, mesmo que não obtivessem emprego, matriculavam-se num turno que deixasse espaço disponível para trabalhar, significando isso que eles buscavam, quase todos, estudar no matutino ou no noturno. Assim, deixei de montar turmas de primeiro ano no matutino e concentrei todos os primeiros anos do diurno no turno da tarde, voltando a ocupar todas as dezessete salas. Após a intervenção da desmontagem, a escola foi perdendo conceito e salas vazias passaram a ocorrer, tanto no matutino quanto no vespertino, de modo que algumas das dezessete salas são hoje desativadas para aulas. No turno da noite as salas já vinham ficando ociosas por conta da violência crescente na cidade, que faz com que apenas os muito corajosos estudem no noturno neste início de milênio.

Ora, um dos objetivos mais alardeados da Medida Provisória da flexibilização era reduzir a evasão escolar no nível do Ensino Médio. Mas aumentar o horário para levar todos os adolescentes, pobres e ricos, a passar sete horas diárias no interior da escola, por exemplo, das 7h às 14h, ou das 8h às 15h, isso é eliminar a possibilidade de esses alunos segundanistas e terceiranistas arrumarem trabalho. E eles não trabalham porque acham isso bonito, mas porque têm necessidade. Se o governo não pagar salário para esses jovens ficarem na escola o dia quase todo, esses menores de idade ferirão a lei e darão preferência ao emprego, em detrimento da escola. E como punir o patrão por ignorar o estudo do jovem se o aluno trabalhador não tem como estudar nos dois turnos do diurno e no turno da noite corre risco diário de não chegar com vida à própria casa?

O bom senso anda muito longe da cabeça das forças do atraso mesmo. O correto é manter um turno de escola regular, e para o contra-turno oferecer cursos profissionalizantes, para os alunos que tenham disponibilidade, não para todos. Os que tiverem apoio financeiro da família para cursar módulos técnicos a partir de seu segundo ano de Ensino Médio regular estarão muito bem no futuro, mesmo que não cursem faculdade. Os que têm de trabalhar desde o segundo ano, estes podem ingressar depois numa faculdade e garantir seu futuro, ou, na pior das hipóteses, encontrar emprego que exija apenas o diploma de Ensino Médio.

O barulho em torno da necessidade de escola de tempo integral para jovens é antieducativo. Nas escolas de tempo integral de Ensino Médio da rede estadual de São Paulo, o cálculo estatístico que se tem feito é de que eles têm rendimento 5% acima do daqueles alunos que cursam escola de um turno. Ora, dobram o horário, dobram o custo e o aluno acrescenta apenas 5% no aprendizado? E acham que isso é vantajoso? E podemos suspeitar que um exame mais sério detectaria não acréscimo de aprendizado, mas decréscimo.

Ter como base um único caso não convence muito, mas relato aqui que recebi um aluno de João Pessoa, no meio do ano, para completar o terceiro colegial na escola Andronico. Para fazer a conversão de matérias e notas tivemos muito trabalho, porque havia 21 disciplinas no currículo dele, contra as 12 de São Paulo. Era muita matéria para nada. O curso dele em João Pessoa era de oito horas diárias. E ele teve muita dificuldade para acompanhar os conteúdos em São Paulo. Terminou o terceiro ano porque o sistema já não permitia muito rigor nas avaliações. Quem achar que este caso é muito pouco para se chegar a uma conclusão, pode tomar conhecimento da experiência de um colega professor de Português da escola Andronico, Luís Carlos Simões. Naquela época, as aulas de Português no Ensino Médio eram quatro por semana. Ele ficou sabendo que no município de Itapecerica da Serra havia uma escola estadual de Ensino Fundamental cuja grade curricular contava com sete horas-aulas semanais de Português no então ciclo II, ginasial. Pensou: Vou fazer um trabalho ótimo nessa escola, com sete aulas semanais trabalhando com os alunos. Pediu remanejamento. Ficou apenas um ano lá. Perguntei o que é que não deu certo. Ele me disse: Já na sexta aula da semana os alunos não aguentavam mais ver minha cara; foi altamente contraproducente; daí volto para minhas quatro aulas semanais que são mais saudáveis. Pode-se pensar que se a tarefa é dividida entre professores diferentes, isso fica mais leve para o aluno e ele aprenderá. Mas esse era o caso do menino de João Pessoa. Era mais do mesmo oferecido por profissionais diversos.

Vivências

Se contarmos o tempo para o aprendizado dos jovens de hoje no ensino básico, dos seis anos aos dezessete anos, cinco horas diárias durante duzentos dias anuais darão um tempo imenso. Ao contrário de nós idosos que vemos um ano passar como um relâmpago, para o adolescente um ano é uma viagem interplanetária. Ele começa o oitavo ano, por exemplo, menino, com fala fina, e termina o ano letivo falando grosso e com fios de barba despontando, já procurando namoradas. No nono ano já tem de preparar-se para o exame da escola técnica, começando sua responsabilidade de adulto. Aquilo que é pouco tempo para nós, para o adolescente é um período muito longo, de transformações muito significativas.

Imaginemos o quanto um adolescente aprenderia hoje, dos seis aos dezessete anos, se dispensasse o aprendizado da convivência social, como John Stuart Mill no século XIX, para estudar e absorver conteúdos programáticos durante cinco horas todos os dias. É algo assustador. Obviamente há perdas nesse processo, porque, pela Segunda Lei da Termodinâmica, nenhuma máquina pode ter 100% de rendimento. Na escola regular, a perda no aprendizado de conteúdos programáticos é bem maior e talvez o grande ganho, na comparação do tempo despendido, esteja no aprendizado social.

Conforme já publiquei na Internet, num texto sobre Piaget, ao avaliar o que uma escola pode oferecer a um jovem como formação temos de levar em conta, além dos aprendizados intelectuais de conteúdos programáticos, os seguintes aspectos:

(a) Autoconfiança,
(b) Oratória,
(c) Polidez,
(d) Postura,
(e) Ética,
(f) Cooperação,
(g) Iniciativa,
(h) Musicalidade,
(i) Asseio e
(j) Ginástica.

Há também, em meio aos aprendizados que a escola nos proporciona, muitos ganhos que não podem ser medidos. Por exemplo, essa convivência de longos anos com muitos colegas na fase de crescimento ajuda-nos a desenvolver tinos psicológicos cujo alcance nunca poderemos calcular. A prática da liderança, e da própria vida política, surge da confluência entre cooperação e iniciativa, e não precisa ser medida de forma independente. Agora imaginemos o quanto o jovem pode aprender de práticas nocivas na convivência desses anos todos. O treino da pilhagem acadêmica, da cópia da produção intelectual de colegas, do parasitismo, do enganar o professor e o gestor, do entregar-se a vícios e do desrespeito à cidadania, tudo isso está nas possibilidades reais e cotidianas do mundo que se situa "entre os muros da escola". A redução paulatina e acentuada do índice de crimes de homicídio na contramão do sempre crescente número de ocorrências de crimes de furto e roubo é sinal de que a questão não se situa no terreno da pulsão, mas, sim, da oferta de má educação aos jovens. A competição pela lisura no interior da escola deve ser introduzida e o trabalho manual, na forma de artesanato, deve ser retomado, como modos de instrução para a cidadania. Sobre competição, não deveria haver necessidade de tratar da questão aqui, mas o romantismo é uma barreira para o entendimento da Teoria da Evolução e precisa ser questionado em todos os cantos. Se nós professores tomamos a decisão de não orientar as crianças e os adolescentes nesse campo, tentando formá-los para um mundo sem disputa, o que conseguimos de resultado é o retorno inexorável à vigência da seleção natural: os episódios de jovens matando.jovens na frente do estádio de futebol são uma mostra tonitruante da ausência desse treinamento. O único meio de evitar que a sociedade cultive a competição pela piora é instruir as gerações para a competição saudável, que envolve colaboração, regras claras a serem respeitadas e, o mais importante, mobilidade social, que é o combustível da superação do sistema de castas.

Avalie, leitor, o tamanho da responsabilidade de gestores, docentes e funcionários frente aos filhos dos trabalhadores que ficam em suas mãos durante metade de cada dia, anos a fio.

Apelo

O Deputado Arnaldo Faria de Sá, Presidente da Comissão de Educação da Câmara dos Deputados, enviou-me o impresso com o teor final do projeto da Medida Provisória da flexibilização depois da tramitação na Casa. O Senado, depois de receber o texto da Câmara, decidiu não fazer nenhuma modificação e enviou-o intacto para a mesa do Presidente da República, para que fosse sancionado. No projeto finalmente aprovado na Câmara há um ponto, um único em meu modo de ver, que pode significar melhoria no sistema de ensino. Refiro-me à volta do curso profissionalizante de Magistério no Ensino Médio. Mas talvez esse item venha a figurar como letra morta, dada a base instalada de hoje. O certo seria nunca ter havido a proibição para o curso, porque depois que o desastre acontece nunca se pode reconstituir o status quo. Foi o coronel Jarbas Passarinho, ex-ministro do governo do General Médici, que, quando governador do Pará, estabeleceu que naquele Estado o professor normalista, de Ensino Médio, deixaria de existir. Poucos anos depois, a lei foi aprovada em Brasília, passando a valer para todo o território nacional. O entendimento era de que os futuros professores das turmas iniciais fossem formados nas graduações em Pedagogia, ou, como instituiu Darcy Ribeiro em seu projeto de LDB, nas graduações em Curso Normal Superior. Ora, qualquer um sabe que o que prevalece é Pedagogia. E o problema disso é notório e antigo: teorias e mais teorias, inócuas quase sempre, com muito pouca prática didática. Isso é o que deve ter motivado os deputados a incluir esse tópico da volta do Magistério. Mas, na altura em que estamos, muito mais recomendável seria abolir a graduação em Pedagogia, e suas co-irmãs Normal Superior e Psicopedagogia, substituindo tudo isso por graduação em Psicologia Educacional. Ao mesmo tempo, provocar uma revolução, aplicando, paulatina, mas decididamente, a proposta de Maria Montessori, em que não se admite professor regular (nem professor-guia) dentro da sala de aula de curso primário, ficando ele fora da sala para elaborar materiais e avaliações e contando com inspetores de alunos para interagir com as crianças na aula quando necessário. Não é um sonho, porque era o modelo da escola que ela fundou em Roma, em 1907, a "Casa Dei Bambini". Apesar de meu respeito e de minha amizade pelo saudoso Senador Darcy Ribeiro, digo que o Curso Normal Superior não teria mesmo como corrigir o problema da ausência do curso médio de Magistério.

Cacildo Marques

SENADO FEDERAL
Gabinete do Senador DARCY RIBEIRO

Brasília, 12 de janeiro de 1993

Cacildo,

Foi bom retomar contato com você e receber seu
endereço. Através dele lhe mandarei alguns exemplares da Revista
Carta, que estou publicando aqui no Senado Federal.
Anotei suas sugestões sobre a Lei de Diretrizes
e Bases da Educação Nacional.
Obrigado pela carta,

SENADOR DARCY RIBEIRO

Carta do Senador Darcy Ribeiro sobre a LDB (12/01/1993)

Para essa modificação, da volta do Magistério, o lugar adequado não seria aquela Medida Provisória, que é uma peça contra a juventude e contra o país. Uma discussão mais longa e mais abrangente deveria ter tomado lugar, porque uma Medida Provisória é o exemplo imbatível de instrumento que jamais deveria ser usado para uma alteração no sistema educacional, a menos que seja, como foi o caso, para destruir o trabalho acumulado de várias décadas. Os porta-vozes das forças do atraso, depois de verem as críticas ao instrumento da flexibilização, que foi uma Medida Provisória, saíram a campo dizendo que o projeto era bom e que o modo usado para aprová-lo é que foi errado. Nada disso! O projeto só era bom para satisfazer a tara dos que se divertem com a tragédia social do país.

E como não existe ainda a prática de revogar leis danosas no

Parlamento brasileiro, ficando isso a cargo do Supremo Tribunal Federal, indevidamente, não esperemos que algum dia alguém revogue essa Medida Provisória que seria incrível se essa tradição de bater a pata pesada em cima das perspectivas das classes populares, do Alaska à Terra do Fogo, não fosse algo tão corriqueiro. Assim, o que pedimos, nós professores do Ensino Médio, é que os congressistas, representantes da população, corrijam essa desdita e restaurem Palmira, vilipendiada e quase toda demolida pelas marretas do califado dos lunáticos.

Garantam em lei que não sejam obrigatórias apenas as disciplinas Português e Matemática. Garantam, mas não sob a Presidência Temer, que esteve a nosso lado contra o regime militar e tanto contribuiu para a regulação da vida civil do país pós-ditadura. Ele teve seu braço hipnotizado pelo califado para desferir a grande pancada contra o patrimônio histórico. Então, por favor, garantam, no pós-2018, em nome de seus filhos e netos, e em nome da população brasileira, a qual certamente levará a razão de seu progresso aos irmãos latino-americanos, que as disciplinas obrigatórias nos três anos do Ensino Médio sejam:

1. Português,
2. Inglês,
3. História (com Atlas),
4. Ciências Sociais
5. Matemática,
6. Física,
7. Química,
8. Biologia,
9. Educação Física.

São oito matérias em sala de aula - quatro de humanidades e quatro de ciências "duras" - e uma ao ar livre (Educação Física), ficando a carga de aula de cada uma a critério de cada sistema nas unidades federativas, garantindo-se que nenhuma tenha menos de duas horas-aulas semanais. A disciplina Ciências Sociais compõe-se de *História da Filosofia* (1° ano), *Política-Sociologia* (2° ano) e *Microeconomia* (3° ano). Não entra Macroeconomia porque isso é assunto da faculdade, não dos adolescentes, mas é um desprezo muito grande para com os jovens não incluir nenhum ano de Microeconomia em seu curso básico. Se alguém quiser saber porque História da Filosofia está na base da tríade das Ciências Sociais, deve receber a resposta de que sem Filosofia não se faz ciência, e muito menos ciência social. É necessário que o programa de Biologia faça um ajuste para incluir, no segundo ano, ou no terceiro, um capítulo sobre o assunto Psicologia, sem laboratório, já que é proibido laboratório do tema no Ensino Médio. As disciplinas Geografia e Artes, que por esta proposta deixam de ser obrigatórias no Ensino Médio, devem receber reforço significativo no Ensino Fundamental. A Música, por exemplo, que Villa-Lobos conseguiu introduzir não só no ginasial, mas também no colegial - por isso há Artes ainda no Ensino Médio, - e que retiraram desde a reforma de 1971, deve ter seu lugar garantido no ginasial. A disciplina Artes pode ficar assim distribuída: Desenho Livre no primeiro triênio ("alfabetização", ou elementar), artesanato no segundo triênio ("interdisciplinar", ou primário), Canto e Teoria Musical no terceiro triênio ("autoral", ou ginasial). Certamente certos indivíduos que se dizem artistas desprezarão a proposta acima, de apenas nove disciplinas obrigatórias, tentando alardear a importância das Artes no Ensino Médio, como matéria específica. Sim, porque eles não sabem que a Matemática, contemplada em todos os anos do ensino básico, é a mais sofisticada forma de arte, apesar de sua simplicidade estrutural. Por essas e por outras, para inibir a exigência exagerada de especialização, urge fazer voltar a "carteirinha do Mec", para o professor, mostrando um mínimo de duas habilitações para cada docente.

Aos senhores governadores, temos de pedir encarecidamente que não desmanchem ainda, em troca da flexibilização, o currículo que vigorou do início do século até 2016 e que se abstenham de lançar os jovens brasileiros à cova dos leões, porque nenhum desses meninos é o profeta Daniel.

Renovação

Precisamos também insistir junto aos parlamentares federais para que corrijam o ENEM, que é uma grande conquista no campo da educação, precisando apenas servir ao lado certo.

Como o ENEM-vestibular, na forma em que ele foi concebido em 2009, sustenta-se em dois pilares cambaleantes, é necessário que discutamos modos de transformá-lo, para fazer dele um exame que classifique melhor os candidatos e que ajude a melhorar o sistema de ensino básico, diferentemente do que ele faz hoje, quando privilegia alguns tipos rarefeitos e caros de colégios, deformando-os, inclusive.

O primeiro pilar é o teste de múltipla escolha, com cinco opções em cada questão, conforme o sistema criado no século XIX para as velhas máquinas de leitura de cartões perfurados. Como é um tipo muito pobre de exame, o examinador complementa-o com um relaxante exame de redação, que compensa, com uma subjetividade extrema, a objetividade rasteira do teste de "cruzinhas" (para que a redação deixe de ser antieducativa, precisa ser composta de respostas a quatro questões discursivas, de Linguagem, Humanidades, Ciências Naturais e Matemática, sendo a de Matemática uma equação, uma inequação, uma inequação-produto, ou um sistema de equações, pelo menos de segundo grau, porque é absolutamente temerário habilitar para o curso de Engenharia Civil um aluno que sabe que para ingressar não será testado em nenhuma linha escrita de linguagem formal). E ainda aplica a ele a Teoria da Resposta ao Item (TRI), tentativa hilária de consertar algo que não tem salvação em sua obsolescência. A facilidade com que o examinador elabora questões de múltipla escolha, ainda mais hoje com ajuda de computadores e Internet, faz com que ele não perceba que suas provas tendem a ser cada vez maiores, desnecessariamente.

A TRI foi adotada porque é um modo de fracionar o valor das questões e assim facilitar a classificação dos candidatos, reduzindo a possibilidade de empates. Mas há um modo muito mais sensato de fazer isso, que é a aplicação do *Método do Potencial Avaliativo* (MPA), que significa alterar ligeiramente o valor de 50% das questões, umas valendo menos que um ponto, outras valendo mais, indo de 99% a 101%. Uma questão muito abrangente pode valer 100,8%, ou 100,75%, de ponto, de acordo com a indicação do examinador, e uma questão muito simples pode valer 99,6% de ponto, umas compensando outras, de modo que, numa prova de 100 questões o valor total seja 100 pontos, ou mesmo 1000, se multiplicarmos cada uma por 10. Se essas pontuações são conhecidas na divulgação do exame, os candidatos podem calcular seu rendimento no final do dia da prova, sem sair de casa. E assim pode o Inep (Instituto Nacional de Estudos e Pesquisas Educacionais) classificar os jovens para as mais de 90 mil vagas oferecidas nas universidades oficiais.

O segundo pilar é a inversão do significado de aprendizagem significativa, expressa no fato de que, para o examinador, as questões precisam ser baseadas na vida prática, mesmo que, quase sempre, essa prática seja a prática de outrem, não do candidato adolescente que está sentado no banco pressionando seus neurônios. O examinador dá a impressão de não ter sido avisado de que a disciplina Trabalhos Manuais foi abolida em 1973, tendo voltado o ensino desde então a uma linha altamente escolástica e, mesmo que ele fosse cheio de práticas, como as de laboratório, as situações práticas apresentadas aos candidatos fazem sentido, quando muito, para candidatos de 25 anos ou mais, não para os de 17. Por causa desse viés, as questões tratam de temas muito rudimentares, já que o examinador não se esforça para elaborar "questões práticas" de assuntos mais avançados. Por exemplo, é muito mais fácil criar uma questão do mundo prático envolvendo equação do primeiro grau de uma incógnita que utilizando a equação de uma elipse, que é de segundo grau e de duas variáveis. O problema é que essa primeira questão é do sétimo ano do Ensino Fundamental, enquanto que aquela última é que é do terceiro ano do Ensino Médio, e tem ficado sempre fora do exame. Entre um problema de Logaritmos aplicado à própria Matemática e outro problema de Logaritmos aplicado à vida prática, este segundo exige uma nova etapa do conhecimento e, em geral, privilegia a pessoa mais madura, que tem mais vivências fora da sala de aula. Quanto à disciplina Português, e só em relação a ela, deve-se determinar que pelo menos 25% das questões sejam dos assuntos gramaticais do Ensino Fundamental. Para a Matemática não é necessário fazer nenhuma exigência quanto a temas ginasiais, porque eles estão embutidos no Ensino Médio.

Para que o ENEM escape das armadilhas antidemocráticas que carrega hoje, ele precisa ter garantido por lei que:

Cacildo Marques

1) De cada matéria, pelo menos 60% das questões sejam do conteúdo do terceiro ano do Ensino Médio.
2) O programa do exame discrimine os temas do Ensino Médio por série.
3) O exame seja num único dia de novembro, um domingo.
4) A prova objetiva tenha apenas 100 questões.
5) As questões de áreas quantitativas sejam de preenchimento por dígito (como na ANPEC).
6) As questões de áreas qualitativas tenham dez opções, de 0 a 9, não cinco.
7) Não haja questões de interpretação de textos.
8) Nenhum texto auxiliar dos enunciados ultrapasse cinco linhas.
9) Seja substituída a TRI pelo Método do Potencial Avaliativo (MPA) das questões.
10) A redação componha-se de respostas a *quatro questões* discursivas, relativas às quatro provas.
11) A nota da redação seja normalizada de modo a igualar-se sua média geral à da prova de Línguas.
12) A única língua estrangeira na prova seja a língua universal da época (hoje, Inglês).

Geômetras

Sim, o Ensino Médio é importante, mas o alicerce está no Ensino Fundamental. O ginasial, terceiro triênio, é o momento de apurar, de colher os diamantes do longo trabalho desenvolvido. Ali é que os alunos devem aprender bem a Gramática, a Álgebra, a Geometria, a História das Religiões, a base do Inglês, os rudimentos das Ciências, a História Antiga-Medieval e a Geografia, que, para Roger Bacon, devia ser vista como um tópico da Astronomia. A leitura deve ser incentivada na sala de aula, mas deve ser praticada fora dela, pelo prazer e pelo lazer, e, para isso, basta que o adolescente seja orientado.

Se o aluno terminou o nono ano tendo passado por um

aprendizado lícito de Álgebra, Geometria, Gramática e Redação, já que têm grande número de aulas de Matemática e Português, não terá dificuldade de acompanhar o Ensino Médio. Se os exames gerais desse ciclo detectam baixo rendimento, a causa está lá no Ensino Fundamental, porque é de lá que vem o conhecimento substancial necessário para a absorção dos aprendizados dos níveis seguintes. E que não se engula a conversa pérfida de que o nível do ensino caiu porque os pobres tiveram acesso à escola, pois a culpa é de quem forneceu escola falsificada à população, não da população, que imaginou estar sendo convidada para um ambiente sadio. Achar que os pobres são incapazes e ainda dizer isso em voz alta é proferir mentira escandalosa. Como eu disse em mensagem a César Callegari, numa frase que o impressionou, "rico não faz ciência". Falei do Dr. Mario Capecchi, italiano que recebeu o Prêmio Nobel de Medicina de 2007. Ele era menino morador de rua, depois de ter perdido o pai e a mãe na guerra. Aos doze anos de idade, uma família sentiu simpatia por ele e o adotou, encaminhando-o para os estudos. Não queiram Warren Buffet, George Soros ou Carlos Slim serem pais de filhos cientistas. Esses rebentos estão com a vida ganha e não se dão ao trabalho de pesquisar nada. O desamparo, material ou não, é motor da ciência, sem com isso querer desejar vida de amargura para ninguém. Ada Byron veio da aristocracia abastada e inventou a Computação, mas em sua história pesava a tristeza de ter sido proibida, já na fase de bebê, de ver o pai, por causa da vida desregrada que ele, o poeta Lord Byron, insistiu em levar, mesmo após o casamento. Ela fez questão de ser sepultada junto aos ossos dele, a quem se uniu finalmente pelo menos na morte.

Mas é o conhecimento da Geometria que dá sentido à prática científica. Quando Pitágoras criou a escola dos jovens (pós-paideia, ou pós-jardim), ele fez isso por causa da Geometria, esse assunto que a escola brasileira desprezou já no final dos anos 1980, os primeiros anos do império da demagogia romântica. Antes, os alunos brasileiros trouxeram seis ouros ganhos nas Olimpíadas Internacionais de Matemática, disputadas no fim do terceiro colegial. Só com a volta da Geometria poderemos retomar essa fase, de quando o país tinha um alto nível de ensino, embora oferecido a poucos, pelas condições físicas, que eram precárias. E oferecer Geometria hoje não é nada impraticável. São seis aulas de Matemática por semana no terceiro triênio. O caminho é dividir a disciplina entre dois professores, um ministrando três aulas de Geometria e outro ministrando três aulas de Álgebra. Isto pode ser decidido na unidade escolar ou mesmo no sistema estadual.

Uma escola que tenha quatro turmas de sétimo ano, por exemplo, conta aí com 24 aulas semanais de Matemática. Em vez de entregar essas aulas para um professor único, atribuem-se 12 aulas a um e doze aulas a outro, cada um ficando com três aulas por turma, independentemente do que venha a ocorrer nas outras séries. No fim do bimestre, se um aluno obteve 6,0 de Geometria e 4,0 de Álgebra, a média dele em Matemática, que vai para o boletim, é 5,0, valendo para ambos os professores. É necessário ter em conta que no primeiro bimestre em que o aluno estuda Geometria, a nota é baixa, por causa da linguagem nova, quase toda constituída de termos gregos. Depois que ele se acostuma, o rendimento supera o que ele tem em Álgebra. E o aprendizado é muito mais profundo, com o estudo de teoremas clássicos altamente instrutivos. Se o país tiver um pouco de vergonha e levar esse caminho a sério, da retomada da Geometria, nossos alunos voltarão a trazer a medalha de ouro. Serão muito mais alunos com grandes chances. E os resultados para o país serão muito mais auspiciosos, porque temos agora uma economia forte, com uma consistente base instalada na indústria e na agricultura, apesar da persistente crise iniciada em 2012 e configurada em meados de 2013.

Simplifiquemos

As ciências exatas, como dito acima, são acessíveis aos filhos das classes populares, mais que as Ciências Sociais, por mais que os crentes da "doxa", contra a "episteme" e o experimento, torçam o nariz. Mas os colegas professores devem evitar encher suas provas de questões de vestibulares do ITA, do IME-RJ e da Fuvest. Estes vestibulares são feitos para alunos que completaram todo o colegial e tiveram a responsabilidade de revisar os conteúdos todos, não sendo jamais este o caso de um jovem que está no meio do segundo colegial ou mesmo no meio do terceiro. As questões de vestibular procuram medir o conhecimento acumulado, mas também a criatividade e a capacidade de resolver problemas inéditos em tempo muito curto. A avaliação na sala de aula deve privilegiar o estudo e a aquisição de técnicas, não a esperteza. Do contrário, os alunos mais lentos vão perdendo o estímulo para estudar. Por exemplo, em Equações Polinomiais, pede-se para resolver uma equação polinomial simples, para aferir se o adolescente praticou a técnica. No vestibular esse tipo de questão vem amarrado a outros assuntos, com o fim claro de dificultar o alcance da solução, porque ali o examinador precisa classificar os mais rápidos, mais criativos e mais espertos. Se há quarenta vagas num curso e aparecem quatro mil candidatos bem preparados, não basta medir conhecimento, porque se cinquenta alunos tirarem a nota máxima o exame tem de ser anulado, a menos que a faculdade aceite criar mais dez vagas de imediato. Há uma diferença muito grande então entre avaliar o aluno na sala de aula, para saber se ele estudou e se merece receber nota azul, e avaliar um candidato num concurso, de vestibular ou de emprego, em que se tenha de excluir todos os mais lentos. Dentro da sala de aula o objetivo é outro. Tive professores em meu curso de Matemática que distribuíam a prova às 8h da manhã e permitiam que ficássemos até 14h ou 15h resolvendo as três ou quatro questões apresentadas. Obviamente não se deve fazer isso no Ensino Médio, mas deve-se ter em conta que nesse nível de ensino a avaliação não é uma corrida de obstáculos. Se o aluno que estuda e pratica começa a tirar nota e melhorar em seus rendimentos, pela Lei do Efeito ele tende a estudar mais e mais. E os colegas também serão incentivados, por verem que aprender não é coisa do outro mundo.

Muitas olimpíadas de conhecimento, muitas disputas e muitos prêmios devem ser oferecidos aos jovens pelos sistemas educacionais. Não mantenhamos "Olimpíada de Língua", que dá margem à tirânica e despropositada "interpretação de textos", mas façamos "Olimpíada de Gramática". Não façamos Olimpíada de Matemática ou de Física com questões de quebra-cabeça, mas façamos olimpíadas de conhecimento. Se o aluno sabe bem resolver equações, resolver sistemas e fazer problemas de Geometria, então ele deve ter bom desempenho nas Olimpíadas de Matemática, o que não ocorrerá se ela for cheia de probleminhas capciosos visando identificar adivinhos e aquinhoados do "pensamento convergente", identificado por J. P. Guilford.

Alunos na quadra esportiva da escola Andronico

Evitemos também solicitar que nossos alunos resolvam problemas práticos de situações que estão muito distantes da vivência deles, tanto intelectual quanto prática, porque isso é fugir da aprendizagem significativa (este fenômeno refere-se à aquisição do conhecimento relacionando-o com aprendizados prévios, simplesmente). Se queremos que o jovem demonstre habilidade de resolução de problemas, a Geometria é feita para isso, porque através dela pode-se transferir o raciocínio para quaisquer situações práticas. Um problema de empacotamento de produtos na fábrica de bolachas é muito claro para o empregado que trabalha lá dentro, mas não para um adolescente que nunca entrou numa fábrica. Que mania maluca é essa, de querer avaliar o que não é pertinente? Para esse mesmo examinador esperto eu posso elaborar um problema sobre uma situação que ocorre nos anéis de

Saturno e ele ficará arrancando os cabelos. Posso também apresentar um problema sobre as dimensões das paredes do Boqueirão, o desfiladeiro aonde os vaqueiros levavam o gado de minha avó para beber água e aquele examinador ficará sofrendo sem saber como começar a abordagem.

De conversas com o Professor Scipione, o Professor Osvaldo Sangiorgi, a Professora Lídia Lamparelli, o Professor Ernest Hamburger e outros grandes mestres, além de inúmeras leituras, e também de experiência e de observação da história, formei minha convicção de que o domínio da ciência básica é o cabedal que temos obrigação de legar a nossos jovens concidadãos, e a Geometria é o caminho inicial para chegarmos a isso. Alguém pode questionar a importância desse caminho ao recordar o fato de que os matemáticos reconhecem que os estudos geométricos estão esgotados desde o início do século XX, não havendo mais nenhuma descoberta a ser feita nesse campo. Ora, a conversa não faz sentido. O alfabeto latino, com suas 26 letras, está esgotado, não havendo mais nada a se desenvolver nele, e, no entanto, é com ele que criamos, descobrimos e escrevemos a quase totalidade da ciência e da cultura da humanidade. Mesmo aquele conhecimento que é expresso primeiro em caracteres chineses, árabes, hebraicos ou tailandeses, ganha importância quando recebe versões em línguas de caracteres latinos. A Geometria é, pois, o lastro seguro a partir do qual o jovem aprendiz pode arriscar voos em qualquer área científica. Os outros dois fundamentos, reconhecidos universalmente, são a Aritmética e a Lógica, mas a primeira é cultivada, com profundidade ou não, em todos os sistemas elementares de ensino do mundo, enquanto que a Lógica é aprendida de forma paralela e subliminar como parte do estudo da língua materna, da Aritmética, da Álgebra e, principalmente, da Geometria. Esta é o laboratório da Aritmética e da Álgebra, mas, é-o, antes de tudo, da Lógica. E isso tudo fica muito simples quando o adolescente é encaminhado passo a passo na aquisição dos tópicos a que, com todas as letras, tem direito. Sonegar o conhecimento ao jovem é roubar! E é roubar para nada, a não ser satisfazer taras insanas, já que a riqueza do saber revela-se no compartilhamento. Imagine-se, leitor, declamando um soneto de Camões para uma plateia que não sabe o que é poesia e nunca aprendeu a absorver e sorver nenhuma arte.

Se o colega está na sala de aula tentando complicar a vida do adolescente, com armação de ciladas avaliativas, por favor, repense a estratégia. Há muita coisa para o jovem aprender, e há muitos modos de verificar o aprendizado, de forma construtiva, fazendo com que o garoto se anime com os estudos. O que temos obrigação de fazer, por questão de compromisso cidadão, é impedir que treinem estelionato intelectual em nossa frente, sob nossas asas, copiando fraudulentamente a resposta do colega que estudou. Já punir com nota baixa um jovem estudioso, mesmo que ele não seja tão rápido quanto se espere, é dar um péssimo exemplo de vida. Certa vez num conselho final uma menina muito estudiosa, do primeiro colegial, das que se sentam na primeira fileira, tinha obtido média final 4,5 comigo. Arredondei para 5,0. A mesma nota ela alcançou em Biologia, e a professora não queria mudar para azul - na escola Andronico notas altas não eram distribuídas com facilidade. Depois de muita discussão, e com a ajuda da diretora, que tomou partido a meu lado, a professora se convenceu de que deveria dar o 5,0. A menina passou de ano (na época, ela podia ser reprovada em apenas uma matéria, mesmo que tirasse 4,9 - não podíamos imaginar que pouco tempo depois alunos seriam promovidos, por padrão, com notas vermelhas em mais de metade das matérias do ano), e deu-se muito bem nas duas séries seguintes. Ocorre que aquela era a aluna mais estudiosa da turma dela. Muitos ali tiravam nota com facilidade, mas não ela. Se tivéssemos reprovado essa menina, é difícil saber o que aconteceria com o comportamento dela, e de muitos colegas seus, a partir dali. Um seu colega, da mesma sala, veio me dizer: É a aluna mais estudiosa de nossa turma, o maior exemplo.

Conclusão

O Brasil sempre confiou, com razão, no papel da educação como elemento central na emancipação do cidadão. Nóbrega, Anchieta, Vieira e muitos outros intelectuais jesuítas deixaram em nós essa convicção, que é verdadeira. Política, economia e educação são os grandes instrumentos do progresso humano. Mas assim como não nos servem qualquer política e qualquer economia, tampouco educação pode ser qualquer uma. Os jesuítas estavam certos, mas, sem querer, legaram-nos uma cultura de tutela. A criação aqui, em 1772, da escola pública gratuita para a população, pela primeira vez no mundo, por decisão do Marquês de Pombal, como resultado da expulsão dos jesuítas que ele promoveu em 1759, deu-nos solidez para a perspectiva de que é com educação adequada e de bom nível que nosso país, ladeado pelos irmãos hispânicos da América, escreverá o capítulo glorioso de seu destino no livro da história da humanidade.

A flexibilização de currículo é uma ótima ideia no curso superior. Quando Darcy Ribeiro se encontrava exilado no Uruguai li seu livro "A Universidade Necessária", em que ele defende a implantação da Reforma Universitária, que aboliu as cátedras docentes e os currículos fixos de blocos anuais. Apoiei com entusiasmo seus argumentos. Os alunos adultos sofrem um pouco para se adaptar a esse tipo de vida escolar quando ingressam na faculdade, mas faz parte da trajetória deles aprender a fazer suas opções. E os centros universitários, cientes da dificuldade, apresentam grade curricular fixa no primeiro semestre de cada curso, ficando o calouro obrigado a matricular-se em todas as disciplinas oferecidas. Nos semestres seguintes é que ele pode exercer sua liberdade de escolha.

Para o Ensino Médio, a liberdade de "opção", devolvida agora na flexibilização, é uma armadilha sórdida contra as populações humildes, essas que não possuem residências milionárias no Leblon, no Jardim Paulista ou em Higienópolis.

Muitos estão apreensivos quanto à possível redução de direitos nas prometidas reformas previdenciária e trabalhista. Qualquer que seja a derrota do trabalhador nessas votações, ela será um fio de cabelo comparada ao poder destrutivo do projeto da flexibilização. Não é necessário ter mais de nove anos de idade para perceber porque essas grandes reformas são feitas por projetos de lei enviados ao Congresso Nacional enquanto que a flexibilização do Ensino Médio veio por Medida Provisória, que, entre os recursos legislativos acolhidos pela Constituição de 1988, é o que mais se aproxima do famigerado decreto-lei das ditaduras. Como o Presidente Michel Temer preza o latim, é o caso de repetirmos sempre: *Vade retro, decisio temporarius*. Não serve ao futuro do Brasil a decisão que prejulga as capacidades de sua juventude, dando-lhe "liberdade" de formar-se pela metade e mantendo o país como "quintal" dos países mais industrializados do norte.

cacildomarques@gmail.com

@cacildo

88

www.ingramcontent.com/pod-product-compliance
Lightning Source LLC
Chambersburg PA
CBHW070531030426
42337CB00016B/2177